CARSTEN BOTHE

500 TIPPS FÜR BESSER GRILLER

HEEL Verlag GmbH
Gut Pottscheidt
53639 Königswinter
Tel.: 02223 9230-0
Fax: 02223 9230-13
E-Mail: info@heel-verlag.de
www.heel-verlag.de

Autor: Carsten Bothe
Gestaltung: HEEL Verlag GmbH, Christine Mertens
Layout: HEEL Verlag GmbH, Christine Mertens und
Claudia Renierkens, renierkens kommunikations-design, Köln
Lektorat: Ulrike Reihn-Hamburger

Fotos: Philipp Hymendahl, www.hympendahl.de
Fotoassistenz: Daniel Koke
Mit Ausnahme von:
Archiv des Autors: S. 9, S. 86, S. 98, Tipps 010, 026, 036, 051, 052, 057, 062, 069, 070, 078, 082, 091,
092, 097, 098, 099, 108, 112, 113, 132, 136, 149, 164, 167, 173, 239, 276, 283, 284, 287, 291, 292,
297, 299, 302, 307, 309, 310, 317, 318, 337, 339, 340, 343, 344, 349, 355, 356, 360, 362, 374, 379,
383, 384, 388, 393, 394, 396, 397, 406, 419, 436, 437 unten, 444, 447, 458, 473, 474, 486
© Jens Kollmorgen: 079
© Kais Bodensieck: 498
© Ralph Handmann: S. 113, S. 135, S. 143
Fotolia.de: © karepa (S. 10), © masay256 (S. 11), © GreenOptix (S. 43), © Do Ra (S. 61, 75, 93, 163), ©
nupsik284 (S. 66), © Vlad Klok (S. 67), © snyggg (S. 87), © martialred (S. 105), © GiZGRAPHICS (S. 129),
© yustus (S. 143), © jacartoon (S. 155), © Strezhnev Pavel (S. 181), © sdp_creations (S. 185), © kytalpa
(028), © egorka87 (049, 058), © J_ka (069), © aquariagirl1970 (120), © Natalya Levish (130, 228), ©
macrovector (149), © koldunova (161), © twins_nika (163), © Natalya Korsak (178), © lenaalyonus-
hka (211), © ExQuisine (215), © KatyaKatya (224-226), © Christian Schwier (227), © setory (229), ©
Song_mi (262), © stockphoto-graf (285 Buche), © serkucher (285 Eiche), © dislentev (285 Birke), ©
GiZGRAPHICS (345), © yustus (400), © la_puma (405, 477), © Epine (428), © Alexkava (451)

Printed in Austria

ISBN 978-3-95843-225-3

INHALT

VORWORT

DAS GRILLGUT

ALLGEMEINES

001 Fleisch hat keine Poren

002 Fleisch auf Raum-
temperatur bringen

003 Wenden

004 Auftaubehälter

005 Geld sparen beim
Fleischkauf

006 Bacon und teures Fleisch

007 Hackfleisch auftauen

008 Sehnen, Knorpel etc. vor
dem Grillen entfernen

009 Zipfel müssen weg

010 Wie findet man
„gegen die Faser"?

011 Rindfleisch zu weit gereift

012 Die Ladies mögen's
nicht so blutig

STEAKS

013 Steaks auftauen
in zehn Minuten

014 Perfektes Branding

015 XXL-Steaks oder
lieber nicht?

016 Steaks wenden

017 Dicke Steaks richtig grillen

018 Steaks auf Vorrat

019 Nackensteaks,
die zweite Runde

020 Beim Roastbeef verkauft?

021 Warum nur dünne Steaks
auf den direkten Grill?

022 Ist das Fleisch zäh?

023 Steaks nach Marmorierung
auswählen

024 Rumpsteak ohne Sehnen

025 Rumpsteak am Knochen I

026 Rumpsteak am Knochen II

027 Rumpsteak oder
Roastbeef?

028 Steaks mit Knochen

029 T-Bone perfekt garen

030 Rib-Eye zerlegen

031 Schmetterlingssteaks
richtig schneiden

032 Steaks würzen

033 Dry-aged-Rindfleisch
zuschneiden

034 Alte Rassen

BRATEN

035 Krustenbraten

036 Krustenbraten richtig
einschneiden

037 Krustenbraten –
Kruste retten

038 Krustenbraten ausrichten

039 Rollbraten selbst machen

040 Rollbraten binden

041 KG-Rohr für Schinkennetz

042 Weniger ist mehr

043 Weiche Braten schneiden

044 Schaschlik einfach essen

BRISKET

045 Woran erkennt man ein perfekt gesmoketes Brisket?

046 Brisket aufschneiden

047 Brisket richtig aufschneiden

048 Brisket und anderes
weiches Fleisch fixieren

049 Welches Messer
für Brisket?

050 Brisket zu weich oder
zu hart?

RIPPCHEN

051 Rippchen oder Ribs

052 Rippchen kaufen

**WÜRSTCHEN,
FACKELN, SPIESSE**

053 Grillfackeln selbstgemacht

054 Weißwurst am Stecken

055 Bratwurst-Spirale

056 Würstchen am Stock

057 Wurstblumen

BURGER

058 Trockenes Burgerfleisch

059 Mini-Burger

060 Burger einfrieren

061 Burger mit Delle

BACON

062 Bacon mit extra viel
Rauchgeschmack

063 Bacon besser ohne Knorpel

064 Schweinebauch
wie gewachsen:
Preiswert und vielseitig

FETT

065 Was verrät das Fett?

066 Gutes und schlechtes Fett

067 Fett kostet auch Geld!

LAMM

068 Lamm einkaufen

GEFLÜGEL

069 Putenbrust rollen

070 Geflügel richtig vorbereiten

071 Entenbrust wie Steak
behandeln

072 Geflügel-Schnäppchen

073 Hühnchen gleichmäßiger
garen

FISCH

074 Fisch klebt nicht

075 Fisch auftauen

076 Geld sparen beim Fischkauf

077 Grillen auf der Planke

078 Einen ganzen Fisch
stabilisieren

079 Lachs auf der Planke

080 Lachs richtig grillen

081 Fisch wenden leicht
gemacht

082 Lachs auf Brett

083 Fisch umwickeln

GEMÜSE

084 Rote oder weiße Zwiebeln?

085 Gemüse aufspießen

086 Grillzwiebeln auf Spießen

087 Paprika einfach häuten

088 Kartoffeln unter
dem Fleisch garen

089 Baked Potatoes

090 Grillgemüse einfach
handhaben

091 Knoblauch schälen

GEWÜRZE, RUBS SAUCEN & MARINADEN

GEWÜRZE

092 Gewürze lange frischhalten

093 Gewürzmischungen sind
sehr teuer

094 Achtung bei Großgebinden

095 Gewürze einfrieren

096 Nicht über dem Herd

097 Umgefüllte Gewürze
sicher identifizieren

098 Etiketten

099 Eckig stapelt besser

100 Mit Gewürzen auf Reisen

101 Gewürze für seltene
Gelegenheiten

102 Leere Gewürzdosen

103 Gewürze werden schlecht

104 Keine Klumpen

105 Salz und Zucker sicher
aufbewahren

106 Salzen mit den Fingern
immer von weit oben

107 Mehr Würzkraft
durch Rösten

108 Rauchsalz

109 Pfeffer und Salz
einfach für draußen

110 Salz oder Zucker?

111 Lieber kleine Pfeffermühlen
verwenden

112 Unterschiede der Mühlen

113 Kaffeemühle für
Gewürze mindestens
halbvoll machen

114 Akku-Pfeffermühle

115 Mühlen auf dem Kopf –
keine gute Idee

116 Pfeffermühle reinigen

117 Groben Steakpfeffer
selbermachen

118 Weißer Pfeffer

119 Einfache Pfeffermischung

120 Chili selbst anbauen

121 Chili ist nicht gleich Chili

122 Frische Chilis
auf Schärfe testen

123 Vanille kann mehr

124 Wacholderbeeren mahlen

125 Knoblauch schälen

126 Knoblauch verstecken

127 Muskat für größeren Bedarf

128 Umami –
der fünfte Geschmack

129 Asado würzen

130 Lieber Schnittlauch
als Petersilie

RUBS

131 Rubs selbermachen

132 Gewürze nachwiegen

133 Dry-Rub sparen

134 Nicht am falschen Ende
sparen

135 Dry-Rub einfach auftragen

136 Dry-Rub hält nicht?

137 Rub gießen statt schütten

SAUCEN

138 Saucen einfach selbermachen

139 Mayonnaise selbermachen

140 Sirup im Messbecher

141 Einfache Chili-Sauce
selbermachen

142 Zähen Ketchup entschärfen

143 Schaschlik-Sauce

144 Saucen in Quetschflaschen

145 Senf in Quetschflaschen –
gleich richtig!

146 Selbstgemachte Saucen
auf dem Buffet

147 Sauce aufheben

MARINADEN

148 Marinade sparen

149 Marinieren mit der Spritze

GETRÄNKE

150 Wein kühlen

151 Getränke in
der Badewanne kühlen

152 Fehlende Kühlmöglichkeiten

153 Reichlich Eis

154 Bowle-Eiswürfel

155 Gesmokte Eiswürfel

156 Antialkoholisches nicht
in den Kühlschrank

157 Sektflaschen verschließen

158 Weizen einschenken

159 Flaschenöffner
nie mehr verlegen

160 Feuerzangenbowle

161 Günstigen Wein verwenden

162 Hot Apple Cider

163 Heißer Kinderpunsch

SPANFERKEL

164 Spanferkel einkaufen

165 Spießgröße

166 Das Schwein ist zu lang
für den Spieß?

167 Geld sparen bei
der Spanferkelsause

168 In welche Richtung dreht
sich der Spieß und wie
schnell?

169 Spanferkel einfrieren

170 Cuttermesser für Schwarte

171 Hitzeschutz beim Zerlegen

172 Garzustand einschätzen

173 Spanferkel immer richtig
befestigen

174 Spanferkel messen
oder fühlen

175 Spieße immer eckig

176 Schrauben am Spießgrill

177 Spanferkel am Grill
oder am Tisch zerlegen?

178 Sauce zum Spanferkel?

179 Spanferkelgrill ausleihen

180 Vorbereitung und Zeitplan

181 Hitzeblasen

182 Kross, aber nicht trocken

BUFFETS

183 Stilechte Speisekarte

184 Heißes Eisen

185 Grillen für viele Gäste

186 Aufteilung eines großen
Grills in Zonen

187 Muffinform mal anders

188 Reste vermeiden

189 Keine Reste

190 Zwei Zangen sind besser
als eine

191 Scharfe Messer

192 Tranchierbesteck

193 Große Fleischportionen
bewegen

194 Zerlegen auf Kubanisch
195 Schnelle Wärmestube
196 Suppenteller statt Alufolie
197 Nichts rutscht mehr
198 Mülleimer nicht vergessen!
199 Schneidebrett zwischendurch reinigen
200 Sauberes Schneidebrett
201 Zusatztisch praktisch
202 Billige Einwegtischdecke
203 Wasserkanister benutzen
204 Richtig ausgießen
205 Punkten mit einfachen Gerichten
206 Fleisch im Brötchen
207 Richtige Wahl der Speisen
208 Warmhalteplatten
209 Baguette nicht vorschneiden
210 Brot niemals smoken
211 Niemals am Brot sparen!
212 Grillbutter auf dem Buffet
213 Praktische Bierpreise
214 Pfand auf Biergläser
215 Kleine Biergläser
216 Zuckerkuchen und Lagerfeuerkaffee
217 Wohin mit den Resten?

WINTERGRILLEN

218 Beim Wintergrillen im Warmen essen
219 Heißes Essen auch beim Wintergrillen
220 Etwas Warmes braucht der Mensch
221 Wer nicht vorsorgt, hat das Nachsehen
222 Vorbereitungen im Warmen
223 Hitze halten
224 Im Winter ist es früh dunkel
225 Es werde Licht
226 Weniger ist mehr!
227 Heiße Sauce
228 Winterburger

KOCHTIPPS

229 Fleischabschnitte
230 Frittieren im Wok
231 Cheeseburger schneller grillen
232 Das schont den Saft im Burger
233 Öl für die Griddle – So brät man einen Hamburger
234 Besser vorher in der Küche schnippeln ...
235 Die richtige Öltemperatur
236 Öl sparen und wiederverwenden
237 Sellerie-Aufschnitt
238 Vorteile von Alufolie
239 Krautsalat
240 Sie hassen Alufolie?
241 Lebensmittel schneiden und vom Brett schieben
242 Smoke-Ring improvisieren
243 Bacon knusprig braten
244 Fleisch wölbt sich auf dem Grill oder in der Pfanne
245 Keine Grillpresse?
246 Doppelte Spieße sind besser zu handhaben
247 Drehen statt Drücken
248 Immer wieder heiß!
249 Fleisch feucht halten
250 Die Zeit nicht vergessen!
251 Holzspieße brennen nicht
252 Schwarze Pfannenböden
253 Grillzange als Zitronenpresse
254 Popcorn im Wok
255 Pizzateig im Eimer
256 Teig ohne Nudelholz ausrollen
257 Bier aufs Fleisch?
258 Bier auf die Kohle?
259 Thermometer sind heiß!
260 Eisbergsalat zerteilen
261 Ikea Deckelhalter für Fisch, Fleisch und Geflügel
262 Apfel schnell zerteilen
263 Trennspray ist praktisch
264 Schnelle Erbsensuppe
265 Würstchen separat erhitzen
266 Tolles Wurstwasser

267 Bohnen richtig kochen
268 Knochenbrühe nicht salzen

DAS BRENNMATERIAL

269 Grillkohle sparen
270 Kohle sparen im Kugelgrill
271 Holzkohleschaufel selbstgemacht
272 Holzkohle sieben
273 Umschaufeln mit Anzündkamin
274 Ein Fass für die Kohle
275 Alte Kohle auf den Kompost
276 Kleine Lagerfeuer!
277 Hartholz sparen
278 Anzünder vergessen?
279 Selbstgemachte Anzünder
280 Paulinchen e.V. warnt
281 Zeitung und Weinflasche zum Anzünden des Grills
282 Standfester Hackklotz
283 Hackklotz hält länger
284 Woran erkennt man gutes Holz?
285 Welches heimische Holz eignet sich?
286 Nadelholz
287 Sie lagern Ihr Holz in Gitterboxen?
288 Kohle löschen

SMOKER

289 Haken und Roste im Kalten testen
290 Schornstein zu!
291 Sicherheit geht vor!
292 Klappe nicht ganz schließen
293 Smoker ausrichten
294 Fettbrand im Smoker
295 Eimer in den Garraum
296 Eimer reinigen
297 Smoker transportieren I
298 Smoker transportieren II
299 Smoker transportieren III
300 Smoker transportieren IV
301 Backstein schützt vor Flammen
302 Einen billigen Smoker pimpen

303 Backofenthermometer nicht in den Smoker

304 Kartoffel für Temperaturfühler

305 Vorsicht mit dem Smokerdeckel

306 Selbstgemachte Räucherhaken

307 Bierdosenhähnchen smoken

308 Bierdosenhähnchen hinter Stein

309 Nicht wackeln!

310 Puter aufhängen

311 Zu hohe Temperatur im Smoker

312 Umbau auf Reverse Flow

313 Zusätzliches Smoker-Thermometer

314 Thermometer bei voll beladenem Smoker

315 Smoker einbrennen

316 Feuer im Smoker steuern

317 Feuer müssen brennen

318 Smoker richtig heizen

319 Feuer qualmt nicht

320 Garraum geschlossen halten

321 Smoker richtig beladen

322 Feuchte Luft im Smoker

323 Asche im Smoker ist gut!

324 Smoker tunen: Allgemeines

325 Smoker tunen: Feuerbox abschirmen

326 Smoker tunen: Convection Plate/Tuning Plate

327 Convection Plate improvisieren

328 Smoker tunen mit Alufolie

329 Smoker tunen: Backsteine

330 Smoker tunen: Zweite Lage

331 Smoker tunen: Minion-Methode

332 Smoker probefahren

333 Mindestgröße eines Smokers

334 Fleisch aus dem Smoker nehmen

335 Asche raus!

336 Ist der Smoker leer?

337 An jeden Smoker gehört eine Triangel

338 Üben, üben, üben

339 Vollbeladen? Kein Problem

GASGRILL

340 Der Beschlag zeigt den Gasstand

341 Wie viel Gas ist noch da?

342 Wassertrick bei Gasflaschen

343 Gasflaschen vor dem Vereisen schützen

344 Langes Feuerzeug

345 Gasgrill zünden mit dem eingebauten Piezo-Zünder

346 Immer genug Gas

347 Der Trick mit dem Magneten

348 Katzenstreu für den Gasgrill

349 Rote und graue Gasflaschen – der Unterschied

350 Alternative für die Smokebox

351 Transport des Grills

DUTCH OVEN UND ANDERE TÖPFE

352 Kein Deckelheber?

353 Dutch Oven improvisieren

354 Kein Rost im Dutch Oven

355 Pizzablech im Dutch Oven

356 Einfache Dutch-Oven-Feuerstelle

357 Schnelle Dutch-Oven-Feuerstelle

358 Mobile Dutch-Oven-Feuerstelle

359 Hochgelegte Feuerstelle

360 Permanente Dutch-Oven-Feuerstelle

361 Speisen präsentieren im Dutch Oven

362 Kohle nachlegen

363 Der Dutch Oven als Beifahrer

364 Stabilisierung der Transporttasche

365 Billige Backbleche

366 Backpapier für den Dutch Oven

367 Dutch Oven einfetten

368 Wohin mit der Schwarte beim Schichtfleisch?

369 Dutch Oven angebrannt?

370 Angebrannte Zimtschnecken?

371 Glasur für Zimtschnecken

372 Reste aufheben

373 Griff für Potjie

374 Kupferkessel oder Emaille

375 Warum gibt es kaum große Gusseisentöpfe?

376 Kupferkessel mit Deckel?

HOLZBACKOFEN

377 Großer Gusseisenbräter

378 Lieber zwei kleine Bräter

379 Unterhitze beim Holzbackofen abmildern

380 Große Fleischwanne für den Holzbackofen

381 Neue Steine für den Holzbackofen

382 Fugen in der Mitte vermeiden

DREIBEIN UND FEUERSTELLE

383 Herd für Lagerfeuer

384 Lagerfeuer praktisch

385 Nicht die Größe ist entscheidend …

386 Stange statt Ketten

387 Dreibein aus Wasserleitungsrohren

388 Dreibein aus Eisenstangen

389 Querstange über dem Feuer

390 Einbein statt Dreibein

391 Günstiger Pfannenknecht

392 Pfannenknecht aus Regalwinkeln

393 Einfacher Pfannenhalter

394 Tropfschale für den Drehspieß

395 Hitze reflektieren und Wind abschirmen

396 Blech schützt vor Hitze

397 Feuerschutz aus Blech

398 Improvisierter Feuerschutz

399 Rotisserie weit weg vom Feuer

400 Löschdecke

REINIGEN UND REPARIEREN

401 Verkrusteter Grillrost
402 Billiger Grillreiniger
403 Einfacher Grillreiniger
404 Reinigen mit Zwiebeln
405 Wok wieder auffrischen
406 Ballistol
407 Holzbrettchen desinfizieren
408 Holzschneidebretter säubern
409 Schneidebretter wie neu
410 Töpfe versotten nicht
411 Thermometer kalibrieren
412 Steakmesser schärfen
413 Heißes Wasser kann man immer brauchen
414 Preisgünstige Außenspüle
415 Außenspüle in Abwasserkanal
416 Plastikwanne als Spülbecken
417 Wasser steht in Outdoorspüle
418 Thermoboxen lüften
419 Heißes Wasser draußen
420 Geschirrkorb für Outdoor-Spüle
421 Deckelhalter über der Spüle
422 Abwaschen leicht gemacht
423 Sektkorken als Fuß
424 Rauch- und Grillgeruch aus der Kleidung entfernen
425 Handtücher sicher aufhängen

ZUBEHÖR

426 Günstiger Pizzastein
427 Pizza schneiden
428 Pizza Pizza
429 Vakuumieren – am richtigen Ende sparen
430 Siegelrandbeutel vakuumieren
431 Keine Flüssigkeit im Vakuumierer
432 Feinkostbecher und Aluschalen
433 Verpackungen sammeln
434 Glas oder Flasche geht nicht auf?

435 Dichtung am Wurstfüller fehlt
436 Fleischwolf-Messer
437 Nadel für Marinadenspritzen
438 Spicknadel modifizieren
439 Warum Gusseisenrost?
440 Kleine Gusseisenroste
441 Küchenrolle immer griffbereit
442 Ständer für Küchenrollen
443 Messerträger
444 Immer mit Haken
445 Günstiger Saucenpinsel
446 Wok-Kellen sind praktisch
447 Kübelspritze
448 Löschschlauch bereitlegen
449 Fettbrand löschen
450 Schürze
451 Bänder verlängern
452 Handtuch immer dabei
453 Knopf an der Schürze
454 Knopfloch statt Aufhänger
455 Geschirr- und Handtücher mit Bedacht kaufen
456 Feuerfeste Grillschürzen
457 Rippenhalter
458 Günstige Aluschalen
459 Brandeisen
460 Einmachgummis gegen Rutschen
461 Schneidebrett ohne Saftrille
462 Schneidebrett
463 Was ist eigentlich Gastronorm?
464 Thermobox
465 Bleche in Thermobox stapeln
466 Mop-Pinsel für die Ewigkeit
467 Immer feste Schuhe tragen
468 Streichhölzer vor Feuchtigkeit schützen
469 Türmchen bauen
470 Haken an die Kette binden
471 Kesselhaken
472 Flexibler Doppelhaken
473 Grillzange als Bücherhalter
474 Keine Flasche zum Besprühen?
475 Hosenbügel als Kochbuchhalter

476 Akku-Mixer
477 Dosen verschließen
478 Flache Schaschlikspieße
479 Schaschlikspieße aufrüsten
480 Griffe für den Grillrost

MÖBEL UND HARDWARE

481 Wurstküche
482 Rutschfeste Fliesen
483 Qualitätsunterschiede bei Bierzeltgarnituren
484 Bierzelttische nicht zu schmal kaufen!
485 Kuchenteller für Bierzelttische
486 Holzkeile & Bierdeckel
487 Stehtisch für mehr Standsicherheit
488 Beistelltisch
489 Blechtisch mit Rädern

SELBST GEBAUT

490 Anzündkamin aus einem Besteckkorb
491 Hufeisen oder Bauklammern an Sitzstämmen
492 Hufeisen als Untersetzer
493 Selbstgebautes Bierkarussell
494 Marshmallow-, Würstchen- oder Fonduegabeln
495 Kein Edelstahl im Grill
496 Flammkuchenofen aus einem Bierfass
497 Bock für Bierfässchen oder Stehtisch
498 Bauanleitung Schweinegrill/Kistensau
499 Maße des Grills
500 Behelfsofen aus Steinen

CHECKLISTE
MIT SICHERHEITSTIPPS

VORWORT

Grillen macht Spaß und ist ein Hobby
für viele Millionen Menschen. Dabei
gibt es verschiedene Arten von Grillern. Die einen kaufen sich das Neues-
te, das Beste und das Teuerste, dazu
ausgefallene Delikatessen und exquisites Fleisch, gerne auch
„dry aged" und von seltenen Haustierrassen. Die anderen sind
mit irdischen Gütern nicht so reich gesegnet und müssen den
Euro zweimal umdrehen, um ihn dann doch wieder einzustecken.
Die dritte Gruppe möchte neben dem Grillen auch das eine oder
andere Zubehörteil selber machen und sich das Grillen erleichtern. Für alle drei Typen von Grillern hat dieses Buch etliche Tipps
und Tricks zu bieten, die das Grillen leichter, besser oder günstiger
machen. Neben den Basteleien und Arbeitsanleitungen sind jede
Menge kleiner Kniffe dabei, die für sich genommen nicht die
Weltneuheit sind, aber in ihrer Gesamtheit das Grillen auf eine
komplett neue Ebene heben und aus dem „Würstchen auf Kohle"
eine schöne Feier mit guten Freunden und schönen Erinnerungen
machen.

In diesem Sinne wünsche ich Ihnen viele nette Stunden am Grill
und im Kreise gleichgesinnter Freunde.

So bleibt mir nur noch, Ihnen immer eine Handbreit Glut unter
dem Rost zu wünschen!

Herzlichst, Ihr

DAS GRILLGUT

001 Fleisch hat keine Poren

Immer wieder hört man, dass man beim Anbraten die Poren des Fleisches schließt. Das ist Unsinn, Fleisch hat keine Poren, nur Fasern. Trotzdem wird durch das Anbraten die Außenseite des Fleisches fest und der Fleischsaft kann nicht so einfach auslaufen.

002 Fleisch auf Raumtemperatur bringen

Lassen Sie Fleisch vor dem Grillen zwei Stunden außerhalb des Kühlschranks ruhen, damit es Zimmertemperatur annimmt und auf dem Rost schneller gart.

003 Wenden

Das Fleisch zum Wenden nie mit einer Gabel anstechen. Dabei treten Fleischsäfte aus, die ihm später fehlen.

004 Auftau-behälter

Wer viel Fisch, Geflügel oder Fleisch auftaut, sollte sich Gastronormbe- hälter aus Kunststoff mit einem Siebeinsatz zulegen. Sie sehen von außen, was innen vor sich geht, das Fleisch ist fliegensicher untergebracht und liegt nicht in den Sickersäften.

005 Geld sparen beim Fleischkauf

Es muss nicht immer ein teures Stück Fleisch sein. Greifen Sie auch auf Bewährtes und Günstigeres zurück und pimpen Sie die Saucen auf.

006 Bacon und teures Fleisch

Veredeln Sie Ihr teures Fleisch nur mit handgemachtem Rippenspeck. Schneiden Sie ihn selbst mit einer Aufschnittmaschine in passende Scheiben oder bitten Sie den Metzger Ihres Vertrauens darum. Aber bitte verwenden Sie nicht den billigen Bacon aus dem Supermarkt für Ihr edles Fleisch.

007 Hackfleisch auftauen

Um Hackfleisch oder andere Fleischsorten schonend und schnell aufzutauen, geben Sie es in einer fest verschlossenen Tüte in kaltes oder höchstens handwarmes Wasser. So taut es wesentlich schneller auf als an der Luft. Bei heißem Wasser oder in der Mikrowelle gart das Fleisch schnell an und wird unappetitlich grau.

008 Sehnen, Knorpel etc. vor dem Grillen entfernen

Schneiden Sie vor dem Grillen und BBQ alles weg, was Sie nicht essen wollen. Vor allem Sehnen und Knorpel etc. Am kalten, rohen Fleisch können Sie mit einem Ausbeinmesser deutlich besser arbeiten als später der Gast mit dem stumpfen Besteckmesser am heißen Essen.

009 Zipfel müssen weg

Wenn an Ihrem Grillfleisch Zipfel abstehen, sollten Sie sie vor dem Garen abschneiden. So entsteht auch an den Schnittflächen eine leckere Kruste, die Sie sonst zusammen mit den vertrockneten Enden abschneiden würden.

010 Wie findet man „gegen die Faser"?

Ganz einfach: Sie schneiden das Stück genau in der Mitte einmal durch. Jetzt schauen Sie sich die Schnittfläche an und erkennen den Verlauf der Fasern. Wenn die Richtung stimmt, dann schneiden Sie von der Mitte bis zum Ende parallel weiter. Sollte die Richtung nicht stimmen, dann schneiden Sie quer zum ersten Schnitt. Die Scheiben sind dann etwas kleiner, aber das wird niemand bemerken.

Dieser Braten wurde mit der Faser aufgeschnitten, hier müssen Sie quer dazu weiterarbeiten.

011 Rindfleisch zu weit gereift

Wenn Sie das Rindfleisch zu lange im Kühlschrank liegen gelassen haben und es außen schleimig oder schmierig geworden ist, dann reiben Sie das Fleisch mit Salz ab. Streuen Sie dazu grobes Salz auf die Oberfläche und reiben Sie kräftig mit den Händen den Belag ab. Mit etwas Wasser nachspülen, trockentupfen und sofort verbrauchen.

STEAKS

012 Die Ladies mögen's nicht so blutig

Ohne jetzt eine Diskussion über Fleischsaft loszutreten zu wollen: Frauen mögen das Fleisch eher durchgebratener, Männer eher blutig. So ist das nun mal. Aber auch dafür gibt es eine Lösung: Kaufen Sie Fleisch am Stück und garen Sie es im Ganzen. Die Enden sind dann immer etwas weiter gegart als das Stück in der Mitte. Bei manchen Schnitten ist das Fleisch auch nicht überall gleich dick, sodass das dünnere Stück weiter durchgegart ist als das dicke Ende. In diesem Fall schneiden Sie für die Damen vom dünnen und für die Herren vom dicken Ende ab.

013 Steaks auftauen in zehn Minuten

Sie möchten mit Gästen oder der Familie grillen, haben aber vergessen, die Steaks aus dem Eis zu holen? Um ein flach eingefrorenes Steak schnell und schonend aufzutauen, stellen Sie einen Metalltopf auf den Kopf und legen das gefrorene Steak darauf. Auf das Steak stellen Sie einen mit warmem Wasser gefüllten zweiten Topf. Das Metall leitet die Kälte ab und das Steak taut schnell und schonend auf.

014 Perfektes Branding

Auf einem Steak sollten die Brandmale schön und akkurat ausgerichtet zu erkennen sein. Bei den langen Rumpsteaks ist das besonders einfach: Legen Sie die Steaks nicht gerade auf die Gitter des Rostes, sondern leicht schräg, zunächst auf „2 Uhr". Dann legen Sie das Steak nach der halben Garzeit dieser Seite auf eine andere und damit heiße Stelle auf dem Grill. Jetzt aber auf „10 Uhr", das Resultat ist ein wunderbares, gleichmäßiges Branding. Dasselbe Verfahren wiederholen Sie auf der anderen Seite.

015

XXL-Steaks oder lieber nicht?

Das Drama bei den XXL-Portionen ist, dass man einen Großteil der Zeit auf kaltem Essen herumkaut. Daher brate ich beispielsweise lieber mehrere kleine Schnitzel, die immer wieder frisch auf den Teller kommen, statt ein großes zu kochen, das schnell kalt wird und von dem die Hälfte übrig bleibt. Andererseits sollten Steaks mindestens 2 cm dick sein. Sie garen zwar etwas länger, erreichen aber den optimalen Garzustand und entwickeln die gewünschten Röstaromen.
Schneiden Sie große Steaks nach der Ruhephase in Tranchen. So bekommen alle Gäste gleichzeitig etwas auf den Teller und jeder kann sich so viel aussuchen, wie er essen möchte. So beugen Sie auch Resten vor und können übrige Steaks am nächsten Tag frisch auf den Grill bringen.

016 Steaks wenden

Wann ist ein Steak zum Wenden bereit? Ganz einfach: Wenn es sich wenden lässt. Das Rindersteak klebt zunächst auf dem Grill fest, das ist normal und ein Zeichen dafür, dass der Grill richtig heiß war und es immer noch ist. Sobald sich das Steak von selbst wieder löst, ist es fertig angebraten, denn die Seite ist gebräunt und die Oberfläche des Fleisches hat eine Kruste gebildet.

Dann drehen Sie das Fleisch einmal und bräunen es, bis sich das Fleisch wieder von selbst löst. Beim erneuten Wenden jeweils um 90 Grad gedreht ablegen, um ein Kreuzmuster auf das Steak zu zaubern. Dann sollte das Fleisch aber schon so weit sein, dass es ruhen kann.

018 Steaks auf Vorrat

Ordentliche Rindersteaks sind teuer. Hier kann man eine Menge Geld sparen, wenn man im Großmarkt (Selgros, Metro, Handelshof etc.) das Fleisch am Stück kauft. Allerdings ist das Fleisch oft mindestens als 3-Kilogramm-Gebinde verpackt.

Schneiden Sie zuhause sofort Steaks von gewünschter Größe zurecht und vakuumieren Sie sie portionsweise zum Einfrieren. Besonders bei Entrecôte oder Rumpsteak lohnt es sich, die Augen nach Angeboten offen zu halten.

017 Dicke Steaks richtig grillen

Wer möchte nicht gerne richtig dicke und große Steaks auf dem Teller? Eigentlich jeder, und das Essen ist auch kein Problem, aber das Grillen. Bei zwei Zentimetern Dicke ist auf einem einfachen Holzkohlegrill Schluss, denn um dickere Steaks durchzugrillen, würde die starke direkte Hitze über der Kohle die Außenseite verkohlen, bevor die Hitze so weit in das Innere vorgedrungen wäre, um dort die richtige Kerntemperatur zu erreichen. Steaks über zwei Zentimeter Dicke grillen Sie auf der direkten Stelle im Kugelgrill an und schieben sie dann in die indirekte Zone, um sie dort bei etwa 200 °C Umgebungstemperatur langsam auf die richtige Kerntemperatur zu ziehen.

019 Nackensteaks, die zweite Runde

Übrig gebliebene Nackensteaks grillen Sie am besten sofort fertig und lassen sie dann über Nacht erkalten. Am nächsten Tag befeuchten Sie sie von beiden Seiten und geben sie in Alufolie gewickelt an eine indirekte Stelle des Grills. Nach zehn Minuten sind die Steaks warm und schmecken wie frisch.

020 Beim Roastbeef verkauft?

Ich kaufe Roastbeef immer am Stück, wenn es im Angebot ist, und friere es in Portionen ein. Leider ist hin und wieder ein zähes Stück dabei. Diese Stücke gebe ich in den Fleischwolf und mache Burger daraus. Das sind dann zwar teure Burger, aber immer noch besser als schlechte Steaks.

021

Warum nur dünne Steaks auf den direkten Grill?

Die dünnen Steaks garen beim zweimaligen Wenden ausreichend durch, um innen die gewünschte Kerntemperatur zu erreichen, aber außen nicht zu schwarz zu werden. Sie können ein Steak von drei Fingerbreit Dicke nicht bei 400 °C auf einem direkt eingerichteten Grill garen. Geben Sie dem Steak kurz ein Branding und bringen Sie dann bei geschlossenem Deckel und niedriger Hitze den Kern auf Temperatur.

023

Steaks nach Marmorierung auswählen

Ein gutes Steak sollte von Fett durchzogen sein. Wenn Sie eingeschweißte Ware kaufen, können Sie die Marmorierung beurteilen, indem Sie die Folie an der Anschnittseite stramm ziehen. Bei den ganzen Stücken im Großmarkt ist das bequem zu machen. So können Sie das beste und fetteste Stück aussuchen, um später saftiges und zartes Fleisch zu genießen.

022 Ist das Fleisch zäh?

Sollten Sie einmal ein zähes Rumpsteak erwischt haben, das sich einfach nicht kauen lässt, dann werfen Sie es nicht weg. Schneiden Sie es in mundgerechte Stücke und kochen Sie ein leckeres Gulasch daraus.

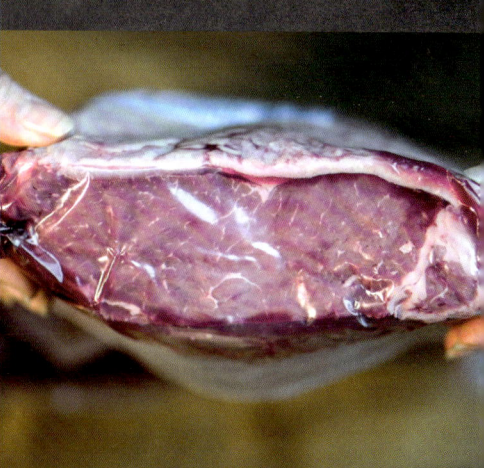

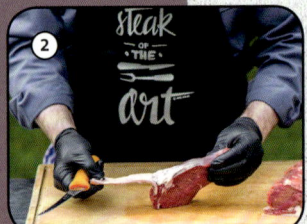
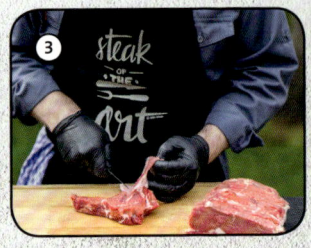

024 Rumpsteak ohne Sehnen

Am Rumpsteak befindet sich auf der einen Seite eine Sehne, die gerne mal als „Fettauflage" bezeichnet wird. Je nach Lage des Rumpsteaks zieht sich diese Sehne bis in die Mitte des Fleisches hinein. Diese Sehne schützt nichts und bringt auch keinen Geschmack, ich schneide sie deshalb vor dem Grillen heraus. Denn lieber in der Küche am kalten Fleisch schnippeln als bei Tisch auf dem Teller.

025

Rumpsteak am Knochen – ein gutes Stück für Fleischliebhaber – Methode 1

Mit ein wenig Wissen um die Fleischzuschnitte können Sie Ihre Rumpsteaks selbst zuschneiden und dabei immens sparen. Das Fleischstück besteht aus dem unteren Ende der Wirbelsäule mit dem Rumpsteak auf der äußeren und dem Filet auf der inneren Seite. Sie können das Filet bündig abschneiden und sich aus dem unteren Ende Porterhouse-Steaks schneiden, dann einige T-Bone-Steaks und behalten so das obere Ende als Braten mit Knochen übrig sowie ein halbes Filet bzw. den Filetkopf.

026

Rumpsteak am Knochen – ein gutes Stück für Fleischliebhaber – Methode 2

Ein Rumpsteak am Knochen ist ein hervorragendes „Show-Stück", das Sie für etwa 20–30 Gäste smoken können. Dazu wird zunächst das Filet komplett entfernt. Dann schneiden Sie von den Dornfortsätzen beginnend die Sehne mit dem Fettdeckel ab, lassen sie am unteren Ende aber fest verbunden. So wird sie wieder zurückgeklappt, um das Fleisch zu schützen. Jetzt smoken Sie das komplette Stück mit dem

027 Rumpsteak oder Roastbeef?

Die Bezeichnungen der Fleischstücke sind schon zwischen Deutschland und Österreich nicht mehr verständlich, dann kommen auch noch Frankreich und die USA hinzu, von den lateinamerikanischen Staaten ganz zu schweigen. Es unterscheiden sich aber nicht nur die Bezeichnungen, sondern auch die Schnitte fallen sehr unterschiedlich aus.

Um aber das Rätsel um das Rumpsteak zu lüften: Das Fleischstück, das auf der Wirbelsäule ganz hinten liegt, heißt Roastbeef, eine davon abgeschnittene Scheibe heißt Rumpsteak.

. . . .

028 Steaks mit Knochen

Durch den Siegeszug der BBQ-Bewegung bekommt man inzwischen auch ungewöhnliche Zuschnitte. Besonders die Steaks mit Knochen sind begehrt. Kaufen Sie wenn möglich Steaks mit Knochen, denn dieses Fleisch bekommt etwas mehr Geschmack, aber noch wichtiger: es sieht dramatisch aus und wirkt größer. Und Sie umgeben sich mit dem Nimbus des wirklichen Fleisch-Kenners.

dicken Ende und den Knochen nach unten bis auf 55 °C Kerntemperatur. Am Knochen bleiben die Stücke auf diese Weise etwas „blutiger". Beim Tranchieren sollten Sie aber schon etwas mit dem Messer umgehen können, denn ein so großes und heißes Stück vom Kochen zu lösen, ist nicht einfach. Am besten geht das mit einem kurzen, flexiblen Messer. Die Damen bedienen Sie vom dünnen, etwas weiter gegarten Stück, die Herren bekommen vom blutigen Ende. Das Schönste kommt wie immer zum Schluss: Schneiden Sie das Filet auf und grillen Sie es in der Feuerbox scharf an, um es dann in der Garkammer nachziehen zu lassen.

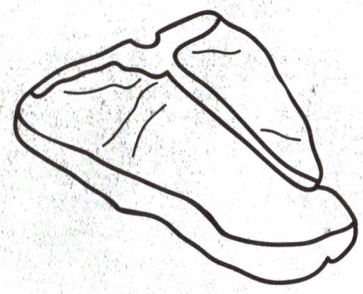

029
T-Bone perfekt garen

Bis man den Roastbeefanteil auf den Punkt gegart hat, ist der Filetanteil beim T-Bone-Steak oft übergart. Mit einer dicken Kartoffelscheibe, die Sie zwischen Grill und Filetanteil legen, können Sie das verhindern, die Kartoffel schützt vor der größten Hitze.

030
Rib-Eye zerlegen

Um bei Steaks richtig Geld zu sparen, sollten Sie Rib-Eye am Stück oder besser noch am Knochen kaufen und zuhause selbst zerlegen. So haben Sie die Kontrolle über die Dicke der Stücke.

Wenn Ihnen eine Scheibe Rib-Eye oder Entrecôte zu viel ist, dann schneiden Sie auf keinen Fall dünnere Scheiben. Das Entrecôte besteht eigentlich aus zwei Muskeln, dem Deckel und dem Innenteil. Teilen Sie das ganze Stück zuerst in den Deckel und den Rest, dann schneiden Sie Scheiben. Aus dem Deckel können Sie auch Fleisch für Spieße schneiden.

Wenn Sie Steaks mit den Rippen daran schneiden, dann ergibt das Cowboy-Steaks oder Ochsenkoteletts. Wenn Sie die Rippen abschneiden, dann erhalten Sie das Rib-Eye ohne Knochen und Beef-Ribs, die sich wie Spare-Ribs zubereiten lassen.

031
Schmetterlingssteaks richtig schneiden

Aus Schweinerücken lassen sich hervorragenden Schmetterlingssteaks schneiden, denn die Silberhaut ist das ideale Scharnier zum Umklappen. Allerdings bleibt dann in der Mitte des Steaks eine Sehne stehen, die beim Essen stört. Also schneiden Sie entweder die Sehnen ab oder Sie schneiden so, dass die Sehnen nach außen geklappt werden und sich leichter abschneiden lassen.

BRATEN

032 Steaks würzen

Je besser das Fleisch, desto weniger Gewürz brauchen Sie. Der Fleischgeschmack steht dann für sich und sollte nicht durch Saucen oder Gewürze überdeckt werden. Frisch gemahlener Pfeffer und Salz reicht aus. Die günstigeren Stücke können Sie mit Rubs und Marinaden versehen, um dem eher faden Fleisch andere Geschmacksaspekte mitzugeben.

· ·

033

Dry-aged-Rindfleisch zuschneiden

Das extrem teure Dry-aged-Rindfleisch muss vor dem Braten zurechtgeschnitten werden, um die harte, trockene Außenseite zu entfernen: Zunächst entbeinen Sie das Fleisch – falls nötig. Dann schneiden Sie es auf beiden Stirnseiten flach ab. Entfernen Sie dann rundum die Kruste und schneiden Sie Fleisch dann in Scheiben.

· ·

034 Alte Rassen

Inzwischen gibt es bei Spezialitätenhändlern auch Schweinefleisch von alten Haustierrassen bzw. langsam gemästete Tiere. Dieses Fleisch sollten Sie eher wie Wild oder Rindfleisch zubereiten, denn durch die langsame Aufzucht hat das Fleisch eher die Qualität von Wild.

035 Krustenbraten

Bei Krustenbraten gibt es die Stücke aus der Schulter, der Keule und aus dem Rücken. Die Stücke aus Keule und Schulter sind fetter und saftiger, bestehen aber aus Muskelsträngen, die in unterschiedlicher Richtung verlaufen, sodass immer einige Scheiben längs zur Faser aufgeschnitten werden müssen. Auch sind die Scheiben ungleichmäßig groß. Bei Schweinelachs mit Schwarte werden die Scheiben alle gleich groß, dafür ist das Fleisch schneller trocken.
Entscheiden Sie schon beim Einkauf, was Ihnen wichtiger ist.

So ist der Krustenbraten richtig eingeschnitten: Die Quadrate markieren die Dicke der Scheiben. In die Kreuzungspunkte ist jeweils ein Pfefferkorn eingedrückt.

036

Krustenbraten richtig einschneiden

Um einen schönen krossen Krustenbraten zu grillen, müssen Sie die Schwarte einschneiden. Das allerdings nicht schräg zur späteren Schnittrichtung, sondern quer und längs. Mit dem Abstand der Schnitte legen Sie die spätere Dicke der Scheiben fest, da Sie nur noch zwischen den Schwartenquadraten schneiden können.

037

Krustenbraten – Kruste retten

Wenn die Kruste am Krustenbraten einfach nicht krachen will, dann hilft ein Heißluftgebläse. Behandelt man die Schwarte einige Minuten mit der hohen Hitze, dann bekommt man eine geräuschvolle Schwarte, die so richtig rösch kracht.

038

Krustenbraten ausrichten

Wenn sich der Krustenbraten, besonders von der Unterschale, beim Garen verzieht, weil sich ein Muskel verkürzt, dann legen Sie einfach eine passend geschnittene Kartoffel so unter das Fleisch, dass wieder der optimale Abstand zum Deckel des Dutch Ovens gewährleistet ist. So bekommen Sie mehr Knusperkruste.

039

Rollbraten selbst machen

Um einen Schweinerücken zu füllen, schneiden Sie ein passendes Stück spiralförmig auf. Das ist gar nicht so schwierig, wenn das Messer lang und scharf ist. Dann drehen Sie die entstandene Fleischplatte um, sodass die Innenseite nach außen kommt, das sieht besser aus. Nun können Sie die Oberseite der Fleischplatte kreuzförmig dünn einschneiden, um die Oberfläche zu vergrößern. Dann rubbeln Sie mit der flachen Hand über die Oberfläche, um diese wie beim Kneten von Wurstbrät „klebrig" zu machen. Nun können Sie die Füllung aufstreichen. Zum Schluss rollen Sie den Braten ein und geben ihn entweder in ein Schinkennetz oder Sie schnüren ihn mit Wurstband zusammen.

040 Rollbraten binden

Um einen Rollbraten zu binden, rollen Sie das Fleisch zunächst auf und binden dann den ersten Knoten in der Mitte. Danach an den beiden Enden. Der nächste Knoten kommt in die Mitte der schon vorhandenen, und je nachdem, wie viel Platz noch ist, legen Sie die weiteren Knoten immer zwischen die schon vorhandenen Knoten. Auf diese Weise verhindern Sie, dass die Füllung an einer Seite herausquillt.

041 KG-Rohr für Schinkennetz

Um Rollbraten noch professioneller aussehen zu lassen, nehmen Sie ein KG-Rohr aus dem Baumarkt und ziehen ein Schinkennetz über ein Ende. Lassen Sie es so weit überstehen, dass der Braten, den Sie durch das Rohr schicken, gefasst und in das Netz gezogen wird. Damit der Braten besser rutscht, spritzen Sie etwas Wasser ins Innere.

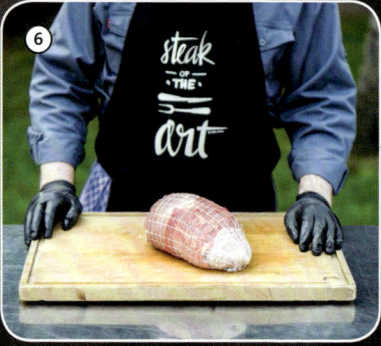

BRISKET

042 Weniger ist mehr

Große Braten sind sexy, aber unpraktisch. Gerade beim Smoken sind die Braten zum Schluss sehr weich und fallen leicht auseinander. Beschränken Sie sich auf etwa drei Kilogramm, die Sie mit einer langen Gabel mit parallelen Zinken noch sicher transportieren können. Eine ganze Rinderkeule mit 30 Kilogramm ist eben etwas anderes als zehn Braten zu je 3 Kilogramm.

043 Weiche Braten schneiden

Gerade bei Braten aus dem Smoker möchte der eine oder andere Gast manchmal „nur eine ganz dünne Scheibe". Das lässt sich bei dem weichen Fleisch nur schlecht realisieren, ohne dass die Scheibe zerfällt. Schneiden Sie daher eine normal dicke Scheibe ab und teilen Sie diese noch ein- oder zweimal. Wenn Sie Ihr Vorgehen dann noch mit dem Satz „Dünn geht nicht, dazu ist das Fleisch zu zart, aber eine halbe Scheibe geht problemlos!" erklären, retten Sie die Situation und das Fleisch.

044 Schaschlik einfach essen

Ein Schaschlik auf einem Holzspieß lässt sich einfacher essen, wenn Sie dieses in der Mitte mit einer Rosenschere teilen.

045

Woran erkennt man ein perfekt gesmoketes Brisket?

Halten Sie eine Scheibe an einem Ende hoch: Die Scheibe muss ihr Eigengewicht gerade noch tragen. Ist das Brisket etwas übergart, reißen die Fleischfasern.

046 Brisket auf- schneiden

Beim Aufschneiden eines Briskets beginnen Sie am flachen Ende. Zunächst werden die Spitzen als „burned ends" abgeschnitten und zur Seite gelegt. Dann schneiden Sie den flachen Teil in etwa bleistiftdicke Scheiben.

Wenn Sie sich dem dickeren Teil des Briskets nähern, ändert sich die Richtung der Fleischfasern. Schneiden Sie deshalb das restliche Brisket quer zur bisherigen Schnittrichtung einmal in der Mitte durch. Die beiden Stücke schneiden Sie dann parallel zu dieser neuen Schnittkante in etwa eineinhalb Zentimeter dicke Scheiben. Die Krustenenden, die keine ordentlichen Scheiben mehr ergeben, werden ebenfalls als „burned ends" in etwa pflaumengroße Stücke geschnitten.

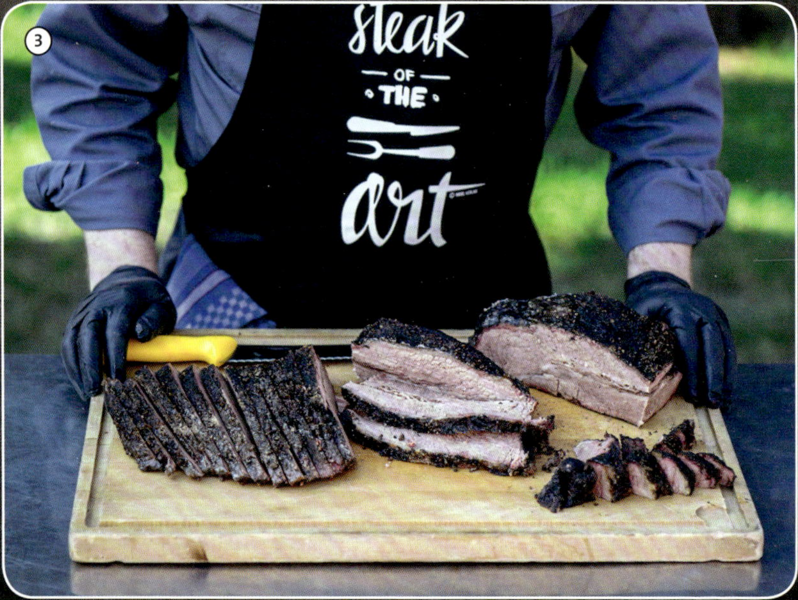

047 Brisket richtig aufschneiden

Ein gesmoktes Brisket besteht aus zwei übereinanderliegenden Muskeln, die im 45-Grad-Winkel zueinander liegen. Sie sollten das Brisket komplett smoken, dann aber die beiden Muskeln in der Fett- und Bindegewebeschicht trennen und separat gegen die Faser aufschneiden.

049 Welches Messer für Brisket?

Das weiche langfaserige Brisketfleisch verlangt nach einem sehr scharfen Messer. Die Kombination aus harter Kruste und extrem übergartem, weichem Fleisch mit gallertartigem Bindegewebe und weichem Fett ist für ein normales Messer eine wirkliche Herausforderung. Auch wenn ich ein ausgesprochener Messerliebhaber bin, empfehle ich hier ein Elektromesser. Sollten Sie keines Ihr Eigen nennen, verwenden Sie ein langes Messer mit einer geraden Schneide und Sägezahnung, noch besser ein Konditorenmesser mit Wellenschliff. Andere Messer haben Schwierigkeiten mit der harten Kruste und rupfen das Fleisch eher wie Pulled Pork, als es zu schneiden.

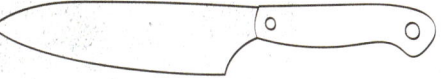

048 Brisket und anderes weiches Fleisch fixieren

Verwenden Sie beim Aufschneiden von Brisket und anderen weichen Fleischarten zum Festhalten des Stückes statt einer Gabel lieber einen Teigschaber aus Metall oder Kunststoff. So lässt sich weiches Fleisch zum Schneiden deutlich sicherer fixieren.

050 Brisket zu weich oder zu hart?

Ist Ihr Brisket zu weich geworden? Kein Problem! Schneiden Sie die Scheiben einfach etwas dicker, dann halten sie besser zusammen, und servieren Sie Ihren Gästen die Scheiben mithilfe eines breiten Messers.

Ist das Brisket zu hart, schneiden Sie die Scheiben einfach etwas dünner, dann lassen sie sich besser kauen und fühlen sich im Mund weicher an.

RIPPCHEN

051 Rippchen oder Ribs

Im Amerikanischen heißen Rippchen „ribs" und werden mit „b" geschrieben, im Deutschen werden Rippen mit „doppel-p" geschrieben. Aber „Spare-rips" gibt es nicht, auch keine „Spare-ribbs" – entweder Schälrippchen oder Spare-ribs.

052 Rippchen kaufen

In den USA wird Schweinefleisch anders zerlegt als in Deutschland. Die typischen Spare-ribs sind die Enden, die an der Wirbelsäule sitzen und abgesägt werden, wenn der Schweinelachs ausgelöst wurde. Diese als Babybackribs bezeichneten Stücke sind rechteckig, nur etwa handbreit und die einzelnen Rippen sind stark gebogen. Sie besitzen kaum verwertbares Fleisch und sind auch noch teuer. Zur Grillsaison werden Rippchen als Spare-ribs vorgewürzt angeboten. Preislich liegen sie etwa im Bereich von Schweinefilet.

Aber wie werden in Deutschland Schweine zerlegt und wie kann man die besten Rippen aus der Schlachtung herausziehen? Ganz einfach: Die Schweinehälften werden mit der Kreissäge so geteilt, dass die Rippen zu einem Drittel an der Wirbelsäule verbleiben und der Rest auf den Schweinebauch geschnitten wird. Die Rippen werden dort meist mit einem Rippenzieher einzeln gezogen und weggeworfen, dann wird der Bauch maschinell abgeschwartet und verschwindet in irgendeiner Wurst. Der Rücken wird ausgelöst und der „Schweinelachs" als Minutensteaks verkauft. Das ausgeschlachtete Gerippe der Wirbelsäule mit den Dornfortsätzen und den Rippenstummeln bleibt übrig. Diese Rippenstummel werden abgesägt – und das sind die Spare-ribs. Früher wurden diese als „Leiterchen" im Sauerkraut gekocht. Sie sollten sich entweder Schälrippchen kaufen oder gleich Schweinebauch mit Rippen. Die Rippen werden dann großzügig abgeschält und im Smoker zubereitet, der Schweinebauch kommt in eine einfache grobe Bratwurst, als Bratenmett in Spaghetti-Sauce oder als Mett in Frikadellen. Vergessen Sie aber nicht, vor dem Wolfen die Schwarte abzuziehen.

Selbst aus dem Schweinebauch geschnittene Schälrippchen.

An der Innenseite der Rippen entfernen Sie die Silberhaut.

Die Babybackribs sind nur etwa handbreit, rechteckig und stark gewölbt.

053 Grillfackeln selbstgemacht

Nehmen Sie eine Scheibe Bacon, einen langen Holzspieß und einen Akkuschrauber. Die Holzstange wird an einem Ende mit dem Messer zwei- bis dreimal schräg angeschnitten, sodass kleine Widerhaken hochstehen. Das andere Ende wird in den Akkuschrauber gespannt. Langsam anlaufen lassen und der Speck wickelt sich wie von selbst auf den Stab. Das geht auch mit ganz dünnen Scheiben frischen Bauchspecks, der aber mit einer guten Aufschnittmaschine aufgeschnitten werden muss.

054 Weißwurst am Stecken

Als Wurst für das Grillen am Stock sind die kurzen, dicken Weißwürste deutlich besser geeignet als die langen und dünnen Bratwürste. Sie bekommen nicht so schnell Übergewicht und fallen ins Feuer.

056 Würstchen am Stock

Beim urigen Grillen am Lagerfeuer sieht man immer wieder, dass Kinder Würstchen quer auf den Stock spießen. Dabei ist das Herunterfallen beinahe vorprogrammiert. Sicherer sind die Würste aufgespießt, wenn man den Spieß längs hineinsteckt.

055 Bratwurst-Spirale

Einige Zeitgenossen mögen ihre Bratwurst aufgeplatzt und kross gegrillt. Diesen Menschen können Sie eine Freude machen, wenn Sie die Bratwurst zur Spirale schneiden. Schieben Sie dazu einen Holzspieß der Länge nach durch die Bratwurst. Rollen Sie dann die Bratwurst um den Holzspieß und schneiden Sie dabei eine Spirale bis zum Spieß hinein. Ziehen Sie den Holzstab wieder heraus und grillen Sie die Wurst schön kross.

Dies funktioniert aber nur mit den gebrühten, feinen Bratwürsten, da diese auch ohne Darm zusammenhalten.

057 Wurstblumen

Beim Grillen von gebrühten Würstchen können Sie diese dekorativ verzieren, indem Sie sie halbieren und auf einen Stock spießen. Das freie Ende wird zweimal kreuzförmig eingeschnitten und spreizt sich beim Grillen so ähnlich auf wie eine Blume.

BURGER

058 Trockenes Burgerfleisch

Echte Hamburgerpattys bestehen aus Rindfleisch und Rinderfett. Wenn Sie selbst Rindfleisch durch den Wolf lassen, die notwendige Portion Rinderfett aber fehlt, dann geben Sie etwas Mayonnaise hinzu und schon werden die Pattys fettiger und damit saftiger.

059 Mini-Burger

Um Mini-Burger schnell und einfach zu portionieren, nehmen Sie einen Eisportionierer, füllen diesen mit Hackfleisch, lösen den Klops dann heraus und legen ihn auf ein Backblech. Ist das Blech voll, decken Sie die Kugeln mit einem Blatt Butterbrotpapier ab und drücken ein zweites Blech auf die Burger.

060 Burger einfrieren

Um die selbstgemachten Burgerpattys einzufrieren, legen Sie diese zunächst einzeln auf Wachspapier auf ein Backblech oder ein Brett, decken sie mit Wachspapier ab und frieren diese so mitsamt dem Blech ein. Wenn Sie eine Burgerpresse verwenden, sind die Pattys bereits oben und unten mit Wachspapier abgedeckt. Nach zwei Tagen werden die Pattys dann in eine Plastikdose umgefüllt, aus der sie sich einzeln entnehmen lassen.

061 | Burger mit Delle

Beim Braten ziehen sich Burger oder Frikadellen zusammen und werden in der Mitte dicker. Sie garen gleichmäßiger, wenn Sie vor dem Braten mit dem Daumen eine Delle in die Mitte drücken.

BACON

062

Bacon mit extra viel Rauchgeschmack

Im Großmarkt gibt es speziellen Rippenspeck, der erst abgeschwartet und dann gepökelt und geräuchert wird. So schneiden Sie nicht die eine Seite mit dem Rauchgeschmack ab, wie das bei der Schwarte der Fall wäre. Diesen Speck können Sie sofort in Scheiben schneiden und so auf der Fettseite den Rauchgeschmack in das Gericht bringen.

063 Bacon besser ohne Knorpel

Bei vielen Bacon- oder Specksorten werden die Brustknorpel nicht entfernt, sodass sie dann auch in den Scheiben stecken. Sie sollten Sie vor dem Grillen entfernen.

064

Schweinebauch wie gewachsen: Preiswert und vielseitig

Um für eine Grillparty gut und günstig vorbereitet zu sein, bietet sich Schweinebauch an, wie er gewachsen ist: Die Rippen können als Spare-ribs zubereitet werden und aus dem Schweinebauch schneiden Sie lange dünne Grillbauchscheiben oder Sie wickeln sie als Grillfackeln um lange Spieße.

FETT

065 Was verrät das Fett?

Bei Rindfleisch ist das Fett ein Indikator dafür, was das Rind vor der Schlachtung zu Fressen bekommen hat. Bei weißem Fett handelt es sich um Getreidemast, bei leicht gelblichem Fett um Mais und bei leicht orangefarbigem Fett hat das Rind auf Grasland geweidet, hier geht das Carotin aus dem Gras in das Fett über.

066 Gutes und schlechtes Fett

Bei Fett – ganz gleich, von welchem Tier – gibt es verschiedene Arten, die sich in ihren Eigenschaften unterscheiden. Je härter das Fett, desto besser ist es für den Verzehr geeignet, besonders beim Schweinefleisch. Je weiter innen im Körper, desto weicher ist es. Die Flomen beim Schwein und das Nierenfett vom Rind sind gut zum Kochen und Backen geeignet. Sie haben einen niedrigen Schmelzpunkt und kaum Bindegewebe, sodass man sie wunderbar auslassen kann. Das harte Fett vom Schweinerücken ist auf dem Kotelett gut aufgehoben. Beim Rindfleisch sollten Sie das harte, leicht gelbliche Fett auf dem Schlachtkörper (und unter der Haut) wegschneiden, es ist nicht gut zu essen. Das Fett zwischen den Fleischfasern, die Marmorierung, ist ideal und kann mitgegessen werden.

067 Fett kostet auch Geld!

Achten Sie schon beim Einkauf auf die Fettauflage der Steaks, besonders wenn Sie sie nicht mögen und später beim Verzehr abschneiden. Bei guten Rumpsteaks, besonders in ganzen Stücken, wie sie im Großmarkt angeboten werden, kann die Fettauflage bis zu einem Viertel des Gewichts ausmachen.

Wenn Sie die Fettauflage zum Grillen auf dem Steak lassen möchten, führen Sie schon vorab Entlastungsschnitte aus. Schneiden Sie dazu die Fettschicht inklusive Sehne von innen nach außen in regelmäßigen Abständen ein, damit sich das Fleisch auf dem Grillrost nicht wölbt.

LAMM

068 Lamm einkaufen

Lamm kann man selbstverständlich beim Metzger des Vertrauens erwerben. Es gibt aber auch Schäfer, die ihre Lämmer in der Selbstvermarktung verkaufen. Im Großmarkt werden meist tiefgefrorene Tiere aus Neuseeland angeboten. Wenn Sie Lamm beim Türken um die Ecke kaufen, sollten Sie sich bewusst sein, dass diese Tiere meist halal geschlachtet (geschächtet), d. h. bei vollem Bewusstsein ausgeblutet wurden.

GEFLÜGEL

069 Putenbrust rollen

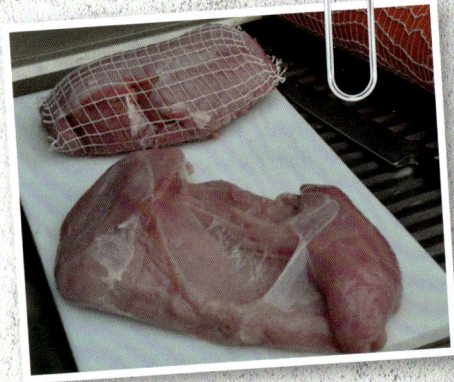

Putenfleisch wird immer beliebter, da es aber schnell trocken wird, sollten Sie nur größere Braten in den Smoker legen. Um diese zusammenzuhalten und in eine ansprechende Form zu bringen, ziehen Sie die Putenbrust ohne Knochen in ein Schinkennetz. Sie können die Brust dann noch mit Zwiebeln und Trockenfrüchten oder Dosenananas und Currypulver füllen.

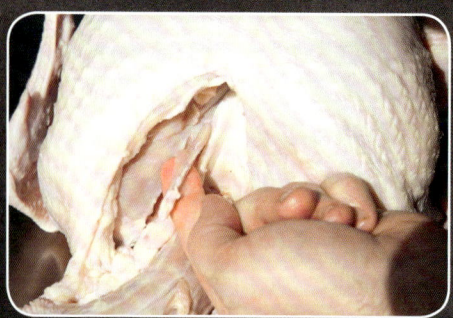

Hier sitzt das Gabelbein.

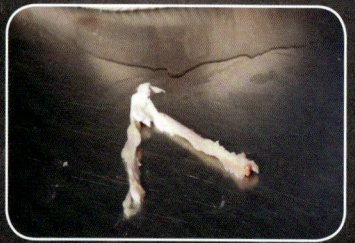

Das Gabelbein ist nicht groß, stört beim Tranchieren aber gewaltig.

070 Geflügel richtig vorbereiten

Um Geflügel nach dem Grillen besser tranchieren zu können, sollten Sie bei der Vorbereitung das Gabelbein – im Englischen Wishbone – entfernen. Jetzt können Sie noch mit beiden Händen kräftig zupacken, das Fleisch ist ja noch kalt.

Lösen Sie dazu die Halshaut ein wenig, sodass Sie an das Gabelbein herankommen. Ziehen Sie dann mit einer Hand den Knochen oben am Brustbein nach vorne, schneiden Sie mit einem kleinen scharfen Messer hinter dem Gabelbein entlang und trennen Sie es unten ab.

Nach dieser Vorbereitung können Sie das Brustfleisch nach dem Grillen ganz einfach in Scheiben schneiden, ohne um das Gabelbein herumschneiden zu müssen.

071 Entenbrust wie Steak behandeln

Eine ausgelöste Entenbrust ist nichts anderes als eine Scheibe rotes Fleisch, genau wie ein Rindersteak. Behandeln Sie es deshalb auch genauso wie ein Rindersteak und Sie werden viel Freude an dem Fleisch haben. Allerdings wird die Haut auf dem Grill nur sehr schwer kross, also lieber abziehen, als eine Gummihaut anzubieten.

072 Geflügel-Schnäppchen

Um bei Geflügel richtig gute Schnäppchen zu machen, sollten Sie nach Geflügel-Feiertagen wie Weihnachten oder Ostern sofort in den Großmarkt fahren und in der Fleischabteilung nach Frischgeflügel Ausschau halten. Die Ware, die für das Fest disponiert, aber nicht verkauft wurde, läuft nun ab und ist deshalb für den halben Preis zu bekommen. Ich kaufe dann immer günstig und friere das Geflügel ein.

073 Hühnchen gleichmäßiger garen

Wer ein Hühnchen besser grillen möchte, der sollte es flachdrücken. Dazu entfernen Sie mit einer Schere das Rückgrat und drücken mit der flachen Hand das Brustbein auseinander, bis es knackt. So liegen die Keulen, die wegen des dunkleren Fleisches eine etwas höhere Kerntemperatur brauchen, außen und separat, sodass die Hitze besser an das Fleisch kommt, als wenn das Tier noch kompakt wäre.

FISCH

074 Fisch klebt nicht

Besonders feine Fischfilets kleben gerne am Grillrost fest und zerfallen, wenn Sie versuchen, diese zu wenden. Legen Sie einfach einige dünne Scheiben Zitrone auf den Grill, geben darauf das Filet und grillen diese Kombination mit geschlossenem Deckel. So erhalten die Fischstücke Rauchgeschmack, hängen aber nicht am Rost fest.

075 Fisch auftauen

Fisch immer in kaltem Wasser auftauen! Schon 65 °C aus der Wasserleitung reichen aus, um selbst tiefgefrorenen Fisch anzugaren und zerfallen zu lassen.

076 Geld sparen beim Fischkauf

Etwas fetterer Fisch ist üblicherweise auch günstiger. Verzichten Sie auf die teuren Seezungen und kaufen Sie lieber Makrelenfilets, Lachs oder Forellen. Diese fetteren Fische sind auch besser auf dem Grill aufgehoben und vertragen selbst ein leichtes Übergaren, ohne trocken zu werden.

077 Grillen auf der Planke

Beim Grillen auf einer Holzplanke löst sich der Fisch viel leichter, wenn Sie zunächst Butterbrotpapier auf die Planke legen und darauf den Fisch platzieren. Geschmack geht von der Planke ohnehin nicht auf den Fisch über und selbst wenn das so wäre, dann gingen diese leisen kulinarischen Nuancen im kräftigen Rauchgeschmack unter.

079 Lachs auf der Planke

Lachs auf der Planke ist nach dem Garen nicht leicht zu portionieren, da der gegarte Fisch zickzackförmig zerfällt. Um das zu verhindern, schneiden Sie vor dem Garen die Portionen schon bis auf die Haut ein und halten diesen Schnitt mit einer dünnen Scheibe Zitrone offen.

078 Einen ganzen Fisch stabilisieren

Um einen ganzen Lachs zu smoken, wird dieser mit aufgeklappten Bauchlappen auf ein Brett gelegt. Damit er nicht umfällt, schnitzen sie eine große Kartoffel passend oder kneten Alufolie in Form und platzieren diese im Bauchraum.

Der Lachs auf dem Brett ist mit zerknüllter Alufolie in der Bauchhöhle aufgepolstert und mit Butterbrotpapier unterfüttert.

080

Lachs richtig grillen

Bei Lachssteaks ist es wichtig, dass Sie die Haut am Fisch belassen. Dieser wird nur mit Pfeffer, Salz und Zitrone gewürzt und auf die direkte Seite des Kugelgrills gelegt. Schließen Sie den Deckel und lassen Sie den Fisch von der direkten Hitze von unten und der indirekten von oben garen. Wenn Sie ihn auf diese Art zubereiten, wird er nicht gewendet.

081

Fisch wenden leicht gemacht

Teilen Sie zu große Fischfilets einfach in passende Stücke, die Sie mit einem breiten Wender problemlos bewegen können. Das ist besser als ein großes Fischfilet im Ganzen zuzubereiten, das Ihnen beim Wenden unkontrolliert durchbricht.

082

Lachs auf Brett

Um einen ganzen Lachs zu smoken, sollten Sie ihn auf ein gewässertes Brett legen. Nur so bekommen Sie den gegarten Fisch im Ganzen aus dem Smoker. Wenn er schon festklebt, dann nicht auf dem Grillrost, sondern auf dem Brett, auf dem Sie ihn auch servieren können.

083 Fisch umwickeln

Delikate Fischfilets, die sehr leicht zerfallen, sollten nur eingewickelt mit ein paar Aromaten gegrillt werden. Dafür eignen sich Blätter von Chinakohl, Mais- oder Bananenblätter. Noch einfacher ist es, den gewürzten Fisch wie ein Bonbon in Butterbrotpapier einzuwickeln und so zu grillen. Tauchen Sie das Paket vor dem Grillen aber ganz kurz in Wasser.

Den fertig gesmokten Lachs können Sie auf dem Brett im Ganzen entnehmen.

GEMÜSE

084

Rote oder weiße Zwiebeln?

Für Salate und zum Rohverzehr eignen sich rote Zwiebeln besser, zum Braten sind die weißen geeigneter, da man an ihnen die Gargrade besser erkennt und sie sauberer aussehen.

085 Gemüse aufspießen

Dünnes Gemüse wie zum Beispiel Spargel lässt sich leichter grillen und wenden, wenn man mehrere Stangen auf einen Schaschlikspieß steckt.

086 Grillzwiebeln auf Spießen

Um schöne Scheiben von dicken Zwiebeln auf Spieße zu bekommen, pellen Sie zunächst die Zwiebel. Dann schieben Sie leicht eingeölte Holzspieße durch die Zwiebel und schneiden diese danach zwischen den Spießen durch. So fallen die Ringe nicht auseinander. Wenn Sie den Spieß zunächst fast ganz durch die Zwiebel stechen und dann den Teil mit der Spitze abbrechen, können Sie den Spieß für ein oder zwei weitere Zwiebelstücke verwenden.

087 Paprika einfach häuten

Rösten Sie Paprika direkt auf der Glut, bis diese rundum schwarz ist. Sie können sie dann direkt in einen Eimer kalten Wassers geben und unter Wasser die schwarze Haut abreiben. Alternativ geben Sie die heiße Paprika in einen Plastikbeutel und lassen diesen zehn Minuten verschlossen ruhen. Der heiße Dampf löst die Haut ganz einfach. Reiben Sie die Paprika noch im Beutel außen ab und Sie können die fast fertig gehäutete Paprika entnehmen.

088

Kartoffeln unter dem Fleisch garen

Bei vielen Grillgerichten im Kugelgrill gibt es keine richtigen Beilagen, dabei ist das denkbar einfach. Legen Sie Kartoffeln und anderes Gemüse in einen Bräter, darüber einen Rost und darauf das Fleisch. Beim indirekten Grillen sammelt sich der Geschmack des Fleisches in Form von Fleischsaft in dem Bräter, in dem die Kartoffeln und das andere Gemüse garen. Einfacher geht es nicht.

089

Baked Potatoes

Sie können Grillkartoffeln einfach und gut aufwerten, wenn Sie zerlassene Knoblauchbutter injizieren. Zunächst knacken Sie einige Knoblauchzehen, aber nicht kleinschneiden, da ansonsten die Injektionsnadel verstopft. Lassen Sie die Butter in einem Topf schmelzen und geben Sie die Knoblauchzehen dazu. Nach einiger Zeit sollte die Butter den Knoblauchgeschmack angenommen haben. Dann ziehen Sie eine Marinadenspritze mit der Butter auf und spritzen von oben kommend in die bereits durchgegarte Kartoffel. Bitte nicht übertreiben, das „Zuviel" läuft heraus.

090

Grillgemüse einfach handhaben

Gelochte Gastronormbehälter sind als Grillkorb für Gemüse unschlagbar und der Preis stimmt auch. Aber kaufen Sie keinen 1/1 Gastronorm (es sei denn, Sie haben einen großen Smoker), sondern nur einen 1/2, der passt besser in den Geschirrspüler.

091

Knoblauch schälen

Große Mengen Knoblauch lassen sich mit zwei Edelstahlschüsseln schälen. Einfach in eine der beiden gleichgroßen Schüsseln geben, die zweite Rand auf Rand draufsetzen – wie die Magdeburger Halbkugeln – und eine Minute kräftig schütteln, sodass die Zehen an die Schüsseln schlagen und laut klingeln. Die Schüsseln öffnen und den geschälten Knoblauch aus den Hüllen sammeln. Sollten einige Zehen noch nicht ganz geschält sein, den Vorgang wiederholen oder die Zehen schnell von Hand nacharbeiten.

GEWÜRZE,
RUBS, SAUCEN
& MARINADEN

GEWÜRZE

092 Gewürze lange frischhalten

Öffnen Sie die Gewürzverpackung, entnehmen Sie einen Teil für den sofortigen Verbrauch und vakuumieren Sie den Rest. So bleibt die große Menge Gewürz frisch. Wichtig ist beim erneuten Öffnen der Vakuumtüte, diese ganz knapp unter der Schweißnaht sauber aufzuschneiden, dann können Sie die Tüte erneut verschweißen. Wenn das Gewürz aufgebraucht ist und der Inhalt weniger wird, dann setzen Sie eine neue Schweißnaht weiter an den Inhalt heran.

093

Gewürzmischungen sind sehr teuer

Eine fertige Gewürzmischung in einer kleinen 100-Gramm-Tüte ist verglichen mit den Großgebinden sehr teuer. Kilopreise von 50–60 Euro sind da eher die Regel denn die Ausnahme. Wobei ein Kilogramm Pfeffer als teuerste Zutat nur rund 15 Euro kostet. Wenn die Hälfte des Gewichts aus Zucker oder Salz besteht, was 1 Euro pro Kilogramm kostet, dann dürfte eine 100-Gramm-Packung eigentlich nur 80 Cent, aber nicht 4,99 Euro kosten. Seien Sie preisbewusst und mischen Sie lieber selbst.

094 Achtung bei Großgebinden

Achten Sie bei großen Gewürzgebinden auf den Preis. Es gibt für die Massenproduktion gedachte Sorten, die speziell ausgesucht und keimreduziert behandelt sind. Das ist für den Eigenverbrauch nicht notwendig, diese Gewürze kosten aber gern das Dreifache.

095 Gewürze einfrieren

Wer Platz in der Truhe hat, der sollte seine Gewürze dort einfrieren – dunkel und kalt, so halten sie am besten.

036 Nicht über dem Herd

In vielen Küchen ist das Gewürzboard direkt über dem Herd angebracht, das ist aus zwei Gründen schlecht: Zum einen ist es dort für die Gewürze zu warm und zum anderen ziehen sie durch den Bratendunst Feuchtigkeit.

037 Umgefüllte Gewürze sicher identifizieren

Umgefüllte Gewürze sind sicher zu identifizieren, wenn Sie das Etikett mit dem Mindesthaltbarkeitsdatum aus der Verpackung schneiden und zum Inhalt in das Gefäß geben.

038 Etiketten

Um Flaschen und Gläser mit einfachen Etiketten zu versehen, reichen etwas Wurstband und ein Stück Pappe. Dieses ist schnell beschrieben, mit einem Locher gelocht und angehängt. Der Vorteil ist, dass man diese ganz einfach entfernen kann und nicht wie andere Etiketten erst in Wasser abweichen muss. Schneller geht es kaum.
Für Saucen, Gewürzmischungen etc., die Sie verschenken möchten, können Sie die Flaschen und Gläser auch mit Etiketten aus Schiefer oder Holz versehen und mit einem schönen Stück Paketband oder grober Schnur befestigen.

039 Eckig stapelt besser

Für die Kochkiste oder auch im heimischen Regal sind eckige Weithalskanister für Gewürze unheimlich praktisch. Sie nehmen weniger Platz weg als die runden Dosen oder Gläser.

100 Mit Gewürzen auf Reisen

Um mit Ihren Lieblingsgewürzen auf Reisen zu gehen, eignen sich Tabletten-Sortierboxen aus der Apotheke besonders gut. Sie sind fest verschließbar und besitzen zahlreiche Fächer, die einzeln befüllt werden können.

101 Gewürze für seltene Gelegenheiten

Wer eine spezielle Gewürzmischung für seltene Gelegenheiten braucht und dann auch nur wenig davon einsetzt, kommt mit den üblichen Waagen und Mühlen an seine Grenzen. Wer beispielsweise immer nur einmal pro Woche 1 kg Mett für den Frühschoppen frisch durchlässt, hat Schwierigkeiten, jedes Mal ein halbes Gramm Macis abzuwiegen und in der elektrischen Kaffeemühle fein zu mahlen. Daher sollten Sie die Gewürzmischung vervielfachen und einmal in dieser größeren Menge zubereiten. Die Mischung bewahren Sie in einem luftdichten, dunklen Glas auf. Vergessen Sie nicht, sich aufzuschreiben, wie viel von der Mischung pro Kilogramm Fleisch zu verwenden ist.

102 Leere Gewürz-dosen

Um Gewürze selbst zu mischen, sollten Sie die großen 500-Gramm-Gewürzdosen aufheben. Füllen Sie die abgemessenen Zutaten in die Dose, aber nur etwa ein Drittel hoch. Dann können Sie diese durch kräftiges Schütteln mischen. Sollte das Gewürz verklumpen oder sich entmischen, ist es schnell wieder aufgefrischt. Dazu braucht man natürlich Platz, der durch die geringe Füllung der Dosen geschaffen wird.

103 Gewürze werden schlecht

Gewürze werden auch schlecht, besonders die Mischungen und solche aus Blättern (Majoran, Thymian etc.). Sobald sich ein Teil des Packungsinhaltes nicht mehr richtig bewegt und rieselt, weil ein feines Gespinst das unmöglich macht, müssen Sie diese wegwerfen. Dann haben sich Motten eingenistet.

104 Keine Klumpen

Gewürzmischungen klumpen nicht, wenn Sie das Salz und den Zucker weglassen. Die echten Spezialisten verwenden gecoatetes Salz, bei dem jedes Salzkorn mit einer Fettschicht ummantelt ist und sich daher nicht auflöst. So wird verhindert, dass das Salz beim Marinieren den Fleischsaft herauslöst. Später beim Grillen schmilzt der Fettmantel und das Salz kann seine würzende Wirkung entfalten. Wenn Sie handelsübliches Salz verwenden, dann geben Sie es – zusammen mit dem Zucker – erst unmittelbar vor Gebrauch hinzu.

105 Salz und Zucker sicher aufbewahren

Wenn Salz und Zucker beim Grillen draußen stehen, ziehen sie gerne Feuchtigkeit und klumpen dann zusammen. Das können sie verhindern, indem Sie diese beiden Zutaten in Gläsern mit Schraubverschluss oder in fest schließenden Weckgläsern aufbewahren.

106 Salzen mit den Fingern immer von weit oben

Beim Salzen von Speisen in der Küche greifen Sie das Salz mit den Fingern und salzen mit möglichst großem Abstand, damit sich das Salz beim Fallen weiter und gleichmäßiger verteilt.

107 Mehr Würzkraft durch Rösten

Viele Gewürze bekommen deutlich mehr Würzkraft, wenn Sie diese vor dem Mahlen in einer trockenen Gusseisenpfanne anrösten. Dazu einfach die Gewürze in die Pfanne geben und trocken erhitzen, bis sie stark duften. Zum Abkühlen geben Sie die Gewürze dann auf einen Teller. So gewinnen besonders Pfeffer, Fenchel-, Sellerie- oder Koriandersamen und ähnliche Körner an Aroma.

110 Salz oder Zucker?

Um die Verwechslung von Salz und Zucker zu verhindern, nutzen Sie entweder nur braunen Zucker oder Sie geben in das Salz grob geschroteten Pfeffer zur Identifizierung. Nie wieder versalzener Kaffee oder komisch schmeckende Steaks!

. . . .

111

Lieber kleine Pfeffermühlen verwenden

Bei einer Pfeffermühle wird der Pfeffer immer nach Bedarf gemahlen und die angemahlenen Körner verbleiben im Mahlwerk. So angebrochen verlieren sie schnell an Aroma. Es gibt besonders große Pfeffermühlen, die ein breites Mahlwerk besitzen und für wenig Pfeffer auf dem Teller eine große Menge Körner anmahlen. Nehmen Sie für das Nachwürzen lieber eine besonders kleine Mühle und füllen Sie sie auch nur mit wenigen Körnern.

108 Rauchsalz

Wer einen Smoker besitzt, der sollte einen Teller mit gutem Salz in den Turm stellen. Nach einigen Räuchergängen ist es braun geräuchert und verleiht verschiedenen Gerichten eine besondere Note. Achten Sie aber darauf, dass nichts hineintropft.

109 Pfeffer und Salz einfach für draußen

Geben Sie Salz und frisch gemahlenen Pfeffer in zwei flache Becher und stellen Sie sie so ineinander, dass sich der Salzbecher oben befindet. So wird der leichtere Pfeffer nicht vom Wind weggeweht. Ihre Grillgäste können sich beides mit den Fingerspitzen entnehmen und so z. B. frisch tranchierte Steaks würzen.
Sollte es überraschend regnen, decken Sie das Salz mit einem Deckel ab.

Links das Mahlergebnis aus der elektrischen Kaffeemühle mit den unterschiedlichen großen Stücken, rechts das einheitliche Mahlbild bei der Kaffeemühle mit traditionellem Mahlwerk.

113

Kaffeemühle für Gewürze mindestens halbvoll machen

Um in einer elektrischen Kaffeemühle Gewürze zu mahlen, brauchen sie wenigstens eine halbe Füllung. Ein einzelner Teelöffel voll Pfeffer wird nur sehr ungleichmäßig gemahlen. Die Füllung setzt dem Messer einen Widerstand entgegen, sodass es die Körner besser zerteilen kann.

114 Akku-Pfeffermühle

Brauchen Sie größere Mengen frisch gemahlenen Pfeffers, dann rüsten Sie Ihre Pfeffermühle doch mit einem Akkuschrauber als Antrieb auf.

112 Unterschiede der Mühlen

Bei Kaffee- bzw. Gewürzmühlen gibt es gewaltige Unterschiede in der Qualität. Bei den elektrischen Mühlen, bei denen die Gewürze eingefüllt und dann durch rotierende Messer zerhackt werden, ist das Mahlergebnis sehr inhomogen. Es finden sich grobe Stücke und feines Mehl gemeinsam in dem Mahlgut.

115 Mühlen auf dem Kopf – keine gute Idee

Bei Pfeffermühlen gibt es inzwischen verschiedene Modelle, bei denen sich das Mahlwerk oben befindet und die zum Mahlen umgedreht werden müssen. Dabei passiert folgendes: Die angemahlenen Körner fallen beim Zurückdrehen aus dem Mahlwerk und rieseln nach unten. Beim nächsten Mahlen kommen wieder ganze Körner in das Mahlwerk, die dann wiederum angebrochen werden und zurückfallen. Sie verschwenden damit mehr Pfeffer und Aroma als eigentlich nötig ist. Wenn Sie schon mit solchen Mühlen arbeiten müssen, dann belassen Sie das Mahlwerk unten.

116 Pfeffermühle reinigen

Beim Würzen von Speisen im kochenden Topf schlägt sich der Bratendunst, das spritzende Fett und der Wasserdampf an den kalten Metallteilen der direkt darübergehaltenen Pfeffermühle nieder. An diesem Film klebt der gemahlene Pfeffer und beginnt zu verklumpen und zu „gammeln". Hier sollten Sie ein Problembewusstsein entwickeln und die Mühle regelmäßig reinigen. Am besten geht das mit Druckluft aus dem Kompressor, aber natürlich auch ganz klassisch mit Lappen oder Tuch.

117 Groben Steakpfeffer selbermachen

Nicht jeder besitzt eine Pfeffermühle, die in der Lage ist, den groben Steakpfeffer perfekt zu brechen. Nehmen Sie einfach zwei Gusseisenpfannen und legen Sie die größere auf einen stabilen Tisch. In diese Pfanne geben Sie die Pfefferkörner. Dann legen Sie die kleinere Pfanne in die größere und knacken die Pfefferkörner auf die gewünschte Größe. Dieselbe Technik funktioniert auch bei Pimentkörnern oder Koriandersamen.

118 Weißer Pfeffer

Bei Fisch und hellem Fleisch sollten Sie zum Würzen weißen Pfeffer verwenden (im Bild oben), da er auf dem Essen nicht so nach Schmutz aussieht wie der schwarze Pfeffer (im Bild unten).

119 Einfache Pfeffermischung

Handelsübliche Pfeffermischungen enthalten oft rote und grüne Pfefferkörner, die zwar etwas fürs Auge bieten, aber kaum Geschmack. Nehmen Sie drei Teile schwarzen Pfeffer, zwei Teile weißen Pfeffer und einen Teil Pimentkörner und Sie erhalten eine deutlich bessere Mischung für Ihre Pfeffermühle. Nicht jede Pfeffermühle verarbeitet die größeren Pimentkörner, Sie sollten sie dann schon etwas brechen, entweder in einem Mörser oder zwischen zwei Frühstücksbrettern oder Gusspfannen.

121 Chili ist nicht gleich Chili

In den amerikanischen Rezepten wird oft „Chili Powder" verwendet. Dabei handelt es sich um eine Gewürzmischung für Chili con Carne. Wenn Sie gemahlene Chilischoten oder Cayenne-Pfeffer verwenden, dann tasten Sie sich vorsichtig nach und nach an die gewünschte Schärfe heran, die Gerichte oder Würzmischungen werden sonst viel zu scharf.

120 Chili selbst anbauen

Gerade die kleinen und richtig scharfen Chilis kosten im Laden viel Geld und sind oft nur schwer zu bekommen. Dabei lassen sie sich ganz einfach und billig auf der Fensterbank oder auf dem Balkon selber anbauen.

122 Frische Chilis auf Schärfe testen

Bei den vielen angebotenen Chilisorten, meist noch in Mischungen, kann man die Schärfe nicht so einfach durch das Aussehen erkennen. Wenn die Schoten erst im Essen gelandet sind, ist es meist zu spät. Dabei gibt es einen einfachen Test, um festzustellen, wie scharf eine Chilischote ist. Schneiden Sie die Schote direkt unter dem Stielansatz quer durch. Dort befindet sich die meiste Schärfe. Fassen Sie mit einem Finger kurz auf die Schnittfläche in der Mitte der Schote und drücken Sie diesen Finger gegen Ihre Zunge. Sie spüren sofort die Schärfe und können so die Zutat dosieren. Nach dem Umgang mit Chilis immer besonders gründlich die Hände waschen! Besonders scharfe Chilisorten am besten nur mit Handschuhen anfassen.

123 Vanille kann mehr

Vanilleschoten sind sehr teuer, dabei verwendet man in der Regel nur das Mark aus dem Inneren. Die Hülle birgt aber fast genauso viel Aroma.
Verwenden Sie die ausgekratzen Vanilleschoten zum Beispiel zum Aromatisieren von Zucker. Schneiden Sie sie dazu in kürzere Stücke und geben Sie sie mit Puderzucker in ein dicht schließbares Gefäß. Fest verschließen, damit die Schoten nicht schimmeln. Nach einigen Wochen hat der Zucker den Geschmack angenommen und kann wie handelsüblicher Vanillezucker verwendet werden.

124 Wacholderbeeren mahlen

Wacholderbeeren sind sehr zäh und nur schlecht in einem Mörser oder einer Kaffeemühle zu zerkleinern. Sie sollten diese daher zusammen mit anderen Gewürzen mahlen, beispielsweise mit Pfeffer. Sie erhalten so eine gleichmäßigere Struktur – und Wacholder wird ohnehin nicht allein verwendet.

125 Knoblauch schälen

Geben Sie eine Knolle Knoblauch für 20 Sekunden in die Mikrowelle. Sie ist dann zwar heiß, lässt sich aber erstaunlich leicht schälen.

126 Knoblauch verstecken

Knoblauchzehen lassen sich von Hand nur schlecht fein hacken und für Leute, die Knoblauch nicht so mögen, ist es eine Quälerei, im Essen auf ein großes Stück zu beißen. Zwei Knoblauchzehen lassen sich aber in einem Mixer auch nicht besonders gut zerkleinern, weil es einfach zu wenig Masse ist. Geben Sie daher die Zehen von zwei ganzen Knollen in den Becher und dazu einige Esslöffel Öl und einen Esslöffel Salz. Nun können Sie mit dem Pürierstab die Masse zu einem feinen Püree mixen, das sich wochenlang im Kühlschrank hält. Zu Verwendung nehmen Sie mit einem sauberen Löffel die benötigte Menge ab. Zusatztipp: Dieses Püree lässt sich auch als Grundlage auf Toastscheiben streichen, um diese dann als Bruschetta zu grillen.

129 Asado würzen

Um beim Asado das Fleisch zwischendurch mit einer Wasser-Kräuter-Mischung zu besprühen, verwenden Sie am besten eine weiche Wasser-PET-Flasche mit 1½ Litern Inhalt, wie sie bei den Discountern erhältlich sind. Füllen Sie die Flasche nur etwa zu einem Viertel und stechen Sie kleine Löcher in den Deckel. Wenn Sie die Flasche nun auf den Kopf drehen, können Sie durch Zusammendrücken des Mittelteils der Flasche das Fleisch mit der Würzmischung besprühen.

127 Muskat für größeren Bedarf

Auch wenn Sie Gewürze eigentlich immer im Ganzen kaufen und frisch vermahlen sollten, ist bei einem größeren Bedarf die bereits gemahlene Ware vorzuziehen. Es ist eine Strafe, 50 Gramm Muskatnuss auf einer Reibe zu zerkleinern. In der Kaffee- und Gewürzmühle haben Sie keine Chance auf ein ordentliches Ergebnis.

130 Lieber Schnittlauch als Petersilie

Bei vielen Gerichten fehlt ein grüner Farbtupfer. Gerne wird Petersilie darüber gegeben, schlimmstenfalls mit einer „Kräuter-Mühle". Im Alltag kann man das so praktizieren, wenn man Gäste bewirtet, sollte es etwas raffinierter aussehen. Nehmen Sie besser Schnittlauch, er ist aufgrund seiner Struktur wesentlich attraktiver als zerkleinerte Petersilie. Der Geschmack von Petersilie passt auch nicht zu allen Gerichten. Da kommt der zwiebelige Geschmack von Schnittlauch bei pikanten Speisen wesentlich besser an, genauso wie das Grün von Lauchzwiebeln. Wer es exotisch mag, der nimmt Koriander.

128 Umami – der fünfte Geschmack

Umami (herzhaft) wurde bereits 1908 als fünfte Qualität des Geschmackssinns beschrieben. Es gibt wohl kaum ein Produkt, das diesen Geschmack so repräsentiert wie Maggi. Eine Flasche davon darf in keiner Kochkiste fehlen.

RUBS

131 Rubs selbermachen

Fertige Gewürzmischungen enthalten oft Geschmacksverstärker und sind meist zu salzig – Salz ist billig und bringt Gewicht. Sie können sich aber ganz einfach selbst Rubs herstellen. Wenn Sie die einzelnen Gewürze in 1-kg-Tüten kaufen und selbst mahlen, werden Sie nie wieder auf gekaufte Würzmischungen zurückgreifen. Mischen und vor allem mahlen Sie die Gewürze aber immer nur nach Bedarf und verschließen Sie den Rest wieder fest, damit sich die Gewürze möglichst lange halten. Hübsch verpackt sind selbstgemachte Rubs und Gewürzmischungen auch ein nettes Geschenk.

132 Gewürze nachwiegen

Wer sich seine Gewürzmischungen selbst zusammenstellt, der sollte entweder eine Briefwaage oder ein Messbecherset benutzen. Nur so lassen sich die Ergebnisse sicher reproduzieren. Normale Küchenwagen zeigen in diesen niedrigen Gewichtsregionen oft nur ungenau an.

133 Dry-Rub sparen

Um Dry-Rub zu sparen, sollten Sie die Fleischstücke in einer Wanne oder Schüssel einpudern. So bleibt das herunterrieselnde Gewürz sauber und kann wieder auf dem Fleisch verteilt werden.

134 Nicht am falschen Ende sparen

Beim Rubben von Fleisch fällt immer eine Menge Gewürz daneben, das nicht mehr am Fleisch haftet. Dieses Gewürz dürfen Sie auf keinen Fall zurück in den Behälter geben, denn die Fleischteile und Säfte, die an den Gewürzen kleben, könnten den kompletten Behälter verunreinigen.

135 Dry-Rub einfach auftragen

Um einen trockenen Rub perfekt auf Fleisch aufzutragen, ohne sich die Finger schmutzig zu machen, legen Sie das Fleisch in einen Zipp-Beutel oder ein großes Gurkenglas und geben den Rub hinzu. Nun schütteln Sie das Ganze, bis das Fleisch perfekt gewürzt ist. Gerade Rubs mit viel Paprikapulver setzen sich tief in Hautfältchen, färben die Fingernägel und lassen sich nur schwer wieder entfernen.

137 Rub gießen statt schütten

Selbstgemachter Rub lässt sich aus Saftkannen besser und sicherer dosieren als aus offenen Behältern. Der begrenzte Auslauf sorgt dafür, dass nicht aus Versehen eine zu große Menge aus der Kanne kommt.

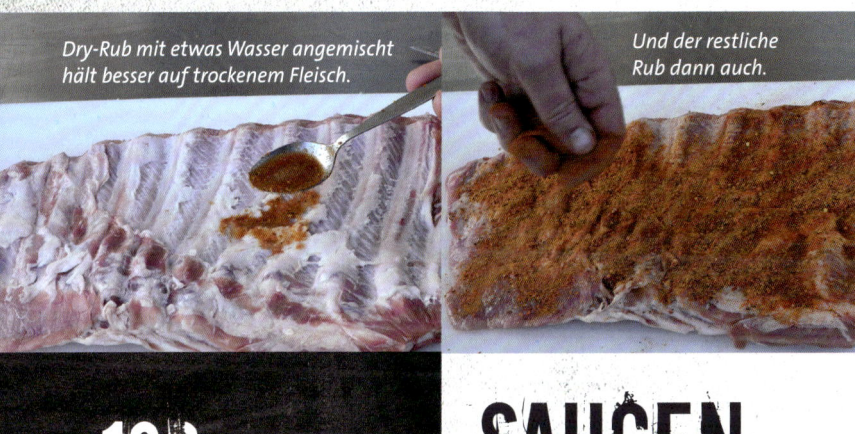

Dry-Rub mit etwas Wasser angemischt hält besser auf trockenem Fleisch.

Und der restliche Rub dann auch.

136 Dry-Rub hält nicht?

Wenn der Dry-Rub nicht auf dem Fleisch halten mag, feuchten Sie eine kleine Menge mit etwas Wasser an und geben ihn mit einem Löffel auf das Grillgut. Den restlichen Rub können Sie dann aufstreuen, er sollte dann ebenfalls haften.
Alternativ können Sie auch das Fleisch mit den Händen mit etwas Wasser oder Öl anfeuchten und den Rub aufstreuen.

SAUCEN

138 Saucen einfach selbermachen

Verwenden Sie als Grundlage für eine BBQ-Sauce einen günstigen Ketchup oder eine Dose passierte Tomaten und pimpen Sie diese mit Gewürzen wie Liquid Smoke oder Chili auf. Rühren Sie Curry in etwas zerlassene Butter, damit sich sein Geschmack entfalten kann, es schmeckt sonst nur bitter. Sie können die Sauce auch mit Zwiebelringen, etwas braunem Zucker und Essig einkochen.

139 Mayonnaise selbermachen

Eine schöne Mayonnaise ist im Handumdrehen selbstgemacht, man braucht dazu lediglich einen Stabmixer und einige Zutaten:

- 250 ml Sonnenblumenöl
- 1 Ei
- 1 EL Essig oder Zitronensaft
- 1 TL Senf
- 1 Prise Zucker
- Salz und Pfeffer

Geben Sie die Zutaten in Raumtemperatur in einen hohen Becher und stellen Sie den Pürierstab unten auf den Boden. Erst dann schalten Sie den Stabmixer ein, lassen ihn einen Moment laufen und ziehen ihn dann ganz langsam durch die Mayonnaise nach oben.
Wenn Sie zusätzlich zwei Knoblauchzehen zufügen, erhalten Sie eine Knoblauchmayonnaise oder Aioli.

140 Sirup im Messbecher

Für einige BBQ-Saucen braucht man süße und klebrige Zutaten wie Ahornsirup, Melasse oder Honig. Um den Messbecher nach Gebrauch besser reinigen zu können und damit der zähe und klebrige Inhalt komplett ausfließt, besprühen Sie seine Innenseiten vorher ganz dünn mit Trennspray.

141
Einfache Chili-Sauce selbermachen

Tabascosauce lässt sich ganz leicht und bequem selbermachen:

- 1 kg Chilischoten (Jalapeños oder rote Peperoni, je nach Geschmack)
- 3 Tassen Essig
- 1 EL Salz
- 2–3 Knoblauchzehen

Pürieren Sie alle Zutaten mit einem Pürierstab oder einem Mixer und füllen Sie die Masse in ein sauberes Glas mit Schraubdeckel. Lassen Sie die Sauce ein bis zwei Monate an einem dunklen, kühlen Ort fermentieren.
Diese Sauce passt gut zu allem Gegrillten, zu Chili con Carne oder zu Pizza.

143 Schaschlik-Sauce

Um Grillfleisch, das leicht trocken wird – Putensteaks oder eben Schaschlik – bequem warmzuhalten, kochen Sie sich eine einfache Schaschlik-Sauce aus Bier, Gemüsezwiebeln, Paprika und Ketchup. Grob gewürfelte Zwiebeln und rote Paprika werden angebraten und mit Bier abgelöscht, dazu kommt ein guter Schuss Ketchup. Abgeschmeckt wird mit Pfeffer, Salz und Rosenpaprika. Diese Sauce sollte nicht zu dünn, aber auch nicht zu zähflüssig sein. In diese Sauce geben Sie die Putensteaks, wenn sie fertig gegrillt sind und sich kein Abnehmer gefunden hat. Der Topf mit der Sauce kann in einer Ecke des Grills stehen, sodass die Sauce schön warm bleibt, aber nicht kocht.

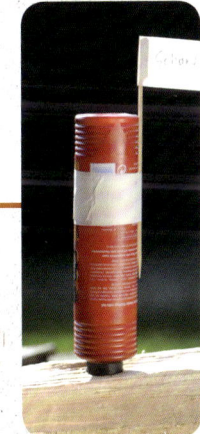

144
Saucen in Quetschflaschen

Stellen Sie Quetschflaschen am besten immer auf den Kopf. Damit schmale Flaschen sicher stehen, bohren Sie einfach in ein dickeres, stabiles Holzstück eine Vertiefung in der Größe des Deckels und stellen die Flasche hinein.

142 Zähen Ketchup entschärfen

Wer kennt nicht das verzweifelte Schütteln der Ketchup-Flasche: Erst kommt nichts, dann alles auf einmal. Sie können das entschärfen, indem Sie den Ketchup-Rest mit etwas Wasser verdünnen und schon in der Küche durchschütteln. So lässt sich der Inhalt bei Tisch sehr viel einfacher dosieren.

145

Senf in Quetschflaschen – gleich richtig!

Bei Senf in Plastikflaschen kommt – wenn diese länger gestanden haben – zunächst ein Schuss Flüssigkeit heraus. Das ist nicht nur eklig, diese Flüssigkeit fehlt dann auch dem restlichen Senf. Deshalb auch Tuben vor Gebrauch immer kräftig schütteln – besonders, wenn Sie Gäste erwarten.

146

Selbstgemachte Saucen auf dem Buffet

Im Großmarkt gibt es für Saucen und Ketchup kleine Becher aus Papier, die manchmal auch in Imbissbuden verwendet werden. Diese sind gerade für dünnflüssige Saucen zum Dippen interessant. Für ein Buffet können Sie die Saucen schon in diese kleinen Portionen abfüllen, dann vermischen sie sich nicht auf dem Teller des Gastes.

147 Sauce aufheben

Bei manchen Gerichten fällt mehr Sauce an, als man benötigt, beispielsweise bei Krustenbraten oder Schichtfleisch. Geben Sie diese Sauce in ein Glas und lassen Sie sie über Nacht abkühlen. Am nächsten Tag entfernen Sie das erkaltete Fett und frieren die entfettete Sauce in Eiswürfelbehältern ein. Zwei Eiswürfel davon mit etwas Roux in der Pfanne schmelzen und Sie haben schnell eine leckere Steak-Sauce gezaubert. In dem Behälter hält sich die Sauce im Kühlschrank einige Tage.

MARINADEN

149 Marinieren mit der Spritze

Damit das Gewürz schneller auch in dicke Fleischpartien eindringt, lösen Sie es in kaltem Wasser auf und warten einen Moment, damit sich die dicken Flocken absetzten, denn diese würden die Nadel verstopfen. Dann ziehen Sie die Lösung mit der Marinadenspritze auf und injizieren sie in das Fleisch.

148 Marinade sparen

Füllen Sie das Fleisch oder Geflügel in eine große Plastiktüte und geben Sie die Marinade hinzu. Drücken Sie die Tüte in ein Becken mit Wasser, sodass die gesamte Luft herausgedrückt wird. Dann knoten Sie die Tüte zu und die Marinade kann überall einwirken.

GETRÄNKE

150 Wein kühlen

Um Weißwein zu kühlen, wenn kein Platz in der Kühlung vorhanden ist, sollten Sie frische Weintrauben einfrieren. Diese werden dann statt Eiswürfeln in das Glas gegeben. Sie verwässern den Wein nicht, sehen toll aus und können zum Schluss auch noch mitgegessen werden.

151 Getränke in der Badewanne kühlen

Wenn Sie Getränke in der Badewanne oder einem großen Gefäß kühlen, sollten Sie auf die Identifizierbarkeit der Flaschen achten. Papieretiketten schwimmen schnell weg und Bier, Radler und Co. geben sich nur noch schwer zu erkennen.

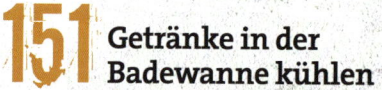

152 Fehlende Kühlmöglichkeiten

Wenn Ihnen die Möglichkeit fehlt, große Mengen Getränke zu kühlen, sollten Sie sich eine Isobox anschaffen. Füllen Sie den Kühlschrank mit Getränken. Eine Stunde vor der Party nehmen Sie sie heraus und stapeln die Flaschen dicht an dicht in die Kühlbox. Dann füllen Sie den Kühlschrank erneut. Die Gäste nehmen sich zuerst die Getränke aus der Kühlbox. Ist diese leer, füllen Sie die Box aus dem Kühlschrank nach.

153 Reichlich Eis

Um für eine Feier reichlich Eis vorrätig zu haben, müssen Sie wenigstens drei Tage zuvor genug davon einfrieren. Am einfachsten geht das in den 4-Liter-Eispackungen, in die Sie eine große Plastiktüte stecken und diese mit kaltem Wasser füllen. Dann in der Kühltruhe einfrieren lassen und ordentlich durchkühlen. Sobald das Eis fest ist, können Sie die Tüte entnehmen und mit Schwung auf den Fußboden schlagen, um es zu zerkleinern. Grob geschreddert reicht es zum Kühlen von Flaschen oder Speisen.

154 Bowle-Eiswürfel

In Glaskaraffen mit Bowle etc. verlieren sich kleine Eiswürfel recht schnell. Große Eiswürfel frieren Sie in Silikon-Muffinformen ein, mit einer Scheibe Zitrone und einem Minzblättchen wirken diese auch noch dekorativ.

155 Gesmokte Eiswürfel

Stellen Sie eine Schüssel mit Wasser in den Smoker und lassen Sie diese dort einige Stunden den Rauch annehmen. Dann füllen Sie das abgekühlte Wasser in Eiswürfelbehälter und frieren es ein. Diese Eiswürfel geben den Rauchgeschmack an Speisen ab oder machen sich gut in Gemüsesäften, die Sie zum Grillen als Drinks ausgeben.

156 Antialkoholisches nicht in den Kühlschrank

Bei knappen Kühlmöglichkeiten sollten Sie Prioritäten setzen: Bier gehört in den Kühlschrank, aber die antialkoholischen Getränke können sich die Gäste im Glas mit Eiswürfeln selbst herunterkühlen. Ein Bier mit Eiswürfeln schmeckt einfach nicht, eine Cola mit Eiswürfeln ist sexy.

157 Sektflaschen verschließen

Bei Plastiksektkorken ist ein Ausgießer und Verschluss schon eingebaut: Den unteren Teil mit einem scharfen Messer abschneiden, den Korken einsetzen und die rote Kappe abnehmen. Jetzt können Sie durch den Korken eingießen und ihn anschließend mit der roten Kappe wieder verschließen.

158 Weizen einschenken

Damit Weizenbier beim Einschenken aus der Flasche nicht schäumt, müssen Sie die Flasche so steil halten, dass das Bier einfach herauslaufen kann, der Flaschenhals immer frei bleibt und nicht alle zwei Sekunden Luft in die Flasche nachströmt. Dabei blubbert es und das Bier beginnt zu schäumen. Das Bier sollte dann ganz sacht an der Glaswand herunterlaufen. Üben macht hier richtig Spaß.

159 Flaschenöffner nie mehr verlegen

Das lästige Suchen nach dem Flaschenöffner hat ein Ende, wenn Sie Modelle zum Anschrauben kaufen und an strategisch wichtigen Punkten an der Wand befestigen. Unter den Flaschenöffner wird ein Haken geschraubt, an den eine Blechdose für die Kronenkorken oder ein starker Magnet gehängt wird.

160 Feuerzangenbowle

Im Winter haben Sie sicher ohnehin einen Feuerkorb oder ein Lagerfeuer angezündet. Wenn es dunkel ist, macht eine Feuerzangenbowle mehr Eindruck als ein lieblos aufgewärmter Glühwein, macht aber kaum mehr Arbeit.

161 Günstigen Wein verwenden

Bei Mischgetränken wie Sangria, Glühwein oder Feuerzangenbowle können Sie ruhig auf günstigeren Wein zurückgreifen, die Qualität der Früchte bringt mehr Geschmack als ein teurer Wein.

. . . .

162 Hot Apple Cider

Ein tolles Getränk im Winter ist heißer Apfel-Cider. Dazu nehmen Sie Apfelwein (süß oder herb), süßen ihn nach Geschmack und geben ihm mit Apfelkorn oder Calvados etwas mehr Schärfe. Erhitzen Sie den Apple Cider auf Trinktemperatur, er sollte aber nicht kochen, da dann der Alkohol verfliegt. Als Gewürze bieten sich Nelken, Sternanis, Zimt und Ingwer an.

163 Heißer Kinderpunsch

Auf einen Liter Apfelsaft geben Sie drei Nelken, einen Sternanis, eine Messerspitze Zimt und einen halben Teelöffel Ingwerpulver. Die Mischung erhitzen Sie über dem Lagerfeuer oder auf dem Grill.

SPANFERKEL

Spanferkel kann man tiefgefroren in Pappkartons kaufen.

164 Spanferkel einkaufen

Beim Metzger um die Ecke können Sie in der Regel Spanferkel aus der Region vorbestellen und auch kaufen. Dabei kann es Ihnen aber passieren, dass die Größe des Spanferkels von der Bestellung abweicht. Wenn Sie 15 kg bestellen, aber 25 kg erhalten, passt das Ferkel womöglich nicht auf Ihren Spieß. Und von einem 7-kg-Milchferkel werden nicht alle Gäste satt.

Um sicherzugehen können Sie bei einem Großhandel tiefgefrorene Spanferkel vorbestellen. Sie kommen aus einer darauf spezialisierten Schlachterei, die daher auch genau das Gewicht liefern kann, das Sie bestellt haben. Eine handliche Größe ist die Gewichtsklasse von 15–17 kg. Sie können aber bis 30 kg portioniert geliefert werden.

165 Spießgröße

Für ein Spanferkel von 17 kg oder für Lämmer von 15 kg Gewicht benötigen Sie einen Spieß von 1,50 m Länge.

166 Das Schwein ist zu lang für den Spieß?

Schneiden Sie einfach den Kopf ab, den isst ohnehin kaum jemand. Und viele Gäste werden sich freuen, ihrem Essen nicht ins Gesicht schauen zu müssen.

Hier liegen neben dem Spanferkel mehrere Schinkenbraten in der Fleischwanne.

167 Geld sparen bei der Spanferkelsause

Pro Person rechnet man beim Spanfekelessen mit 1 kg Frisch-gewicht. 1 kg Spanferkel kostet rund 6 Euro, weil das Schlach-ten und die Fleischbeschau auf weniger Gewicht umgelegt werden muss.

Bei beispielsweise 60 Gästen bräuchten Sie eigentlich ein 60-kg-Schwein oder drei Spanferkel à 20 kg. Da Sie eine solche Menge aber vermutlich gar nicht bewältigen können, da Sie z. B. nur einen Spieß besitzen, können Sie zu einem 20-kg-Spanferkel einige Schinken- oder Schulterbraten mit in die Fleischwanne legen und gemeinsam garen – wenn Sie das Spanferkel in einem improvisierten Schweinegriller oder als Kistensau zubereiten. Ihren Gästen servieren Sie dann jeweils ein Stück Spanferkel und einige Scheiben Braten.

Dieser Trick bietet zwei Vorteile: Das Essen ist gleichzeitig fertig, da Sie nicht drei Schweine nacheinander garen müssen, und Sie sparen auch noch dabei, denn ein Schulterbraten kos-tet nur 4 Euro pro Kilogramm, reicht aber für drei Personen.

60 kg Spanferkel à 6 EUR pro kg = 360 EUR

20 kg Spanferkel à 6 EUR pro kg = 120 EUR

13 kg Schulterbraten à 4 EUR pro kg = 52 EUR

Sie sparen also 188 EUR.

168

In welche Richtung dreht sich der Spieß und wie schnell?

Wenn Sie vor einem Feuer grillen, dann sollte sich das Fleisch auf der Feuerseite von unten nach oben drehen. So tropfen die austretenden Säfte nicht so schnell ab. Sie laufen zwar nach unten, aber am „entgegenkommenden" Fleisch entlang. Der Spieß sollte sich nur so schnell drehen, dass die Säfte nicht abtropfen. Drei bis fünf Umdrehungen in der Minute sind eine gute Zeit.

169

Spanferkel einfrieren

Wenn Sie die Möglichkeit haben, Spanferkel in der Tiefkühltruhe unterzubringen, dann können Sie richtige Schnäppchen machen. Schweinemäster haben immer mal wieder Schweine, die nicht richtig wachsen wollen und preiswert abgegeben werden. Wenn Sie die Schweine im Ganzen einfrieren können, bis Ihre Party steigt, haben Sie richtig viel Geld gespart.

Mit einem einfachen Cutter-Messer lässt sich die Schwarte schnell und mit Tiefenanschlag einschneiden.

170

Cuttermesser für Schwarte

Die Schwarte eines Spanferkels können Sie entweder mit einem handelsüblichen Schwartenritzer bearbeiten oder mit einem Cuttermesser aus dem Baumarkt. Das Cuttermesser hat den Vorteil, dass Sie die Klinge so kurz einstellen können, dass Sie wirklich nur die Schwarte durchschneiden und nicht das Fleisch. Sind die Schnitte zu tief, dann sieht der Braten hinterher aus wie ein Igel.

171

Hitzeschutz beim Zerlegen

Um sich beim Zerlegen nicht die Hand zu verbrennen, ziehen Sie zunächst ein Paar isolierte Arbeitshandschuhe an und erst darüber ein Paar dünne Latex-Handschuhe. Schon macht Ihnen die Hitze des Fleisches nichts mehr aus.

172

Garzustand einschätzen

Wenn sich die hintere Haxe im Kniegelenk ganz leicht abdrehen lässt, ist das Spanferkel gar.

Kleine Spanferkel, sogenannte Milchferkel, können Sie an einem dicken Haselstecken befestigen und drei Stunden über dem Feuer grillen.

173 Spanferkel immer richtig befestigen

Spanferkel auf dem Spieß müssen Sie von Anfang an richtig festmachen. Es darf nichts wackeln oder schlackern. Dünner Draht ist nicht das Mittel der Wahl, um eine 80-kg-Sau an einer runden Eisenstange zu befestigen. Alles was jetzt im rohen Zustand schlackert und hin und her wackelt, macht später, wenn die Bänder und das Fleisch durch das Garen den Zusammenhalt verlieren, richtige Probleme. Der zugenähte Bauch reißt auf, weil der Draht durch das gegarte Fleisch schneidet, die schlackernde Keule reißt einfach ab und fällt ins Feuer. Der Spieß muss sich frei drehen, und das Schwein muss dem folgen. Ein typisches Merkmal für eine schlechte Fixierung ist gut zu beobachten, wenn sich der Spieß erst ein Viertel drehen kann, ohne dass das Tier folgt. Dann verhakt sich der Spieß wieder irgendwo im Fleisch und das Schwein dreht sich ein Viertel weiter. Dabei wird es natürlich auf Dauer beschädigt und beim weiteren Garen in Stücke zerrissen. In diesem Stadium werden dann oft Rettungsversuche mit Blumendraht unternommen, die aber meist wirkungslos bleiben.

174 Spanferkel messen oder fühlen

Das fertige Spanferkel hat idealerweise eine Kerntemperatur von 70–80 °C. Wird das Spanferkel wie Pulled Pork gesmokt, sollte die Kerntemperatur der Keule bei 90 °C liegen. Die dünneren Fleischpartien sind dann entsprechend etwas heißer.

Dabei ist es aber wichtig, die Konsistenz des Fleisches beim Einstechen des Thermometers zu erfühlen. Wenn das Fleisch zwar Temperatur hat, die Silberhäute um die einzelnen Muskelpartien aber noch nicht weich sind, dann merkt man beim Einstechen erst einen Widerstand, dann geht es einige Zentimeter leicht und dann fühlt man erneut einen Widerstand – je mehr Muskelpakete durchstochen werden, desto mehr Widerstände spüren Sie. Ist das Fleisch richtig gar, dann geht die Nadel des Thermometers in einem Rutsch wie durch Butter und Sie spüren keine Widerstände.

175 Spieße immer eckig

Spieße für einen Spanferkel-grill sind oftmals rund, dabei ist ein eckiger Querschnitt viel praktischer. Die Anbauteile aus Vierkantrohr sitzen immer perfekt und lassen sich auch mit einer Schraube einfach festziehen. An den Auflagepunkten schieben Sie ein rundes Rohr über das Vierkant oder drehen den Spieß rund ab.

178 Sauce zum Spanferkel?

Kochen Sie eine größere Menge Sauce zum Spanferkel, dann können Sie die Stücke für den zweiten Gang oder Reste in der Sauce warmhalten.

176 Schrauben am Spießgrill

Lassen Sie die Schrauben am Spießgrill immer mit einer Querstrebe versehen, damit jeder der vielen Helfer mit der Hand die Schrauben lösen kann. Ein geschlitztes Rohr mit einem großen Quergriff dient als Verlängerung zum Festschrauben.

179 Spanferkelgrill ausleihen

Zum Grillen eines Spanferkels benötigen Sie einen speziellen Grill mit entsprechend großer Grillfläche und einen drehbaren Spieß. Wenn Sie keinen solchen Grill Ihr Eigen nennen, können Sie ihn bei einem Metzger, Grillverleih oder einem Party-service in Ihrer Nähe ausleihen.

177 Spanferkel am Grill oder am Tisch zerlegen?

Beim Zerlegen gibt es zwei Herange-hensweisen: Sie können das Spanferkel am Grill auf dem Spieß zerlegen oder Sie nehmen es vom Spieß herunter, um es am Tisch zu tranchieren. Beide haben Vor- und Nachteile. Beim Zerlegen am Grill bleibt das Spanferkel länger heiß und dickere Stücke können noch nachziehen. Dafür ist aber die Arbeit am Spieß sehr heiß.
Beim Zerlegen am Tisch können Sie schneller und unkomplizierter auf-schneiden. Das müssen Sie aber auch, denn das Fleisch kühlt schnell aus.

180 Vorbereitung und Zeitplan

Bereiten Sie das Spanferkel schon am Vortag vor, schneiden Sie die Schwarte rautenförmig ein und würzen Sie das Fleisch. So können die Gewürze gut einziehen und das Spanferkel wird schön knusprig. Wenn Sie das Spanferkel bei Ihrem Metzger bestellen, können Sie es auch schon vorbereiten und würzen lassen. Er hat auch die entsprechenden Kühlräume, um das Schwein bis zur Party hygienisch und gekühlt zu lagern.

Fangen Sie am Tag der Party rechtzeitig an: Je nach Größe des Spanferkels benötigt es eine Garzeit von 5–8 Stunden.

181 Hitzeblasen

Sollten sich beim Grillen Hitzeblasen auf der Haut bilden, sollten Sie diese aufstechen. Sich lösende Haut sollten Sie mit kleinen Metallspießen wieder befestigen, um das Fleisch vor der Hitze zu schützen.

182 Kross, aber nicht trocken

Damit die Schwarte schön kross wird, aber nicht austrocknet, sollten Sie das Spanferkel regelmäßig (etwa alle halbe Stunde) mit Flüssigkeit bestreichen oder besprühen – zum Beispiel mit einer Mischung aus Öl und Bier.

Damit die Ohren, Pfoten und der Schwanz nicht verbrennen, sollten Sie diese Partien mit Alufolie umwickeln.

BUFFETS

183 Stilechte Speisekarte

Viele Griller besitzen eine große Gusseisenpfanne, die aber kaum zum Einsatz kommt. Dafür kann man diese – sofern sie nicht geölt ist – als Menükarte benutzen. Sie wird auffällig hingehängt und mit Kreide beschriftet.

184 Heißes Eisen

Gusseisenpfannen sind nicht nur zum Braten praktisch, sondern auch als Serviergeschirr. Vorher heizen Sie diese auf dem Grill ordentlich auf und geben das Fleisch in der heißen Pfanne auf den Tisch, was besonders beim Nachschlag hilfreich ist. Es bleibt länger heiß als auf einem kalten Porzellanteller. Denken Sie an einen Untersetzer, sonst leidet der Tisch!

185 Grillen für viele Gäste

Bei einer Grillparty mit vielen Gästen werden meist Bratwürste und Nackensteaks auf dem Holzkohlegrill direkt gegrillt. Da der Ansturm aber ungleichmäßig ist, sollten Sie einen Teil des Rostes nicht anheizen oder nur mit einigen wenigen Kohlen unterlegen. So schaffen Sie eine Fläche, auf der die schon gegrillten, aber noch nicht benötigten Stücke warmgehalten werden können.

186 Aufteilung eines großen Grills in Zonen

Um mit einem großen „Feuerwehrgrill" beim Dorffest viele Leute zu verköstigen, brauchen Sie mehrere Zonen auf dem Rost. Da sich diese Veranstaltung über viele Stunden hinzieht, kommen Sie um ein Nachlegen der Kohle nicht umhin. Also teilen Sie den Grill in eine Zone zum Warmhalten, ohne oder mit nur ganz wenig Kohle. Den Rest füllen Sie zunächst komplett auf und zünden ihn an. Wenn dann nachgelegt werden muss, schütten Sie nur eine Hälfte mit frischer Kohle voll, die andere Hälfte bleibt unverändert. Darüber grillen Sie weiter. Sobald die frische Kohle durchgeglüht ist, grillen Sie über dieser weiter und beschicken die dann schon ziemlich kalte Glut mit frischer Kohle. Hierbei ist ausgesiebte Kohle notwendig, weil es sonst auf die Steaks und Würste staubt.

187 Muffinform mal anders

Sie können verschiedene Saucen und Dips auch einmal einfach in einer Muffinform auf den Tisch stellen.

188 Reste vermeiden

Um beim Grillen für das Dorffest mit den Resten besser umgehen zu können, lassen Sie sich die Würste schon beim Schlachter in Fünfer- und Zehnerpacks einschweißen. So können Sie die Reste besser einfrieren und aufbrauchen als in unhandlichen 30er Paketen. Die Vakuumtüten beim Schlachter sind auch deutlich billiger, weil es aufgrund des Kammergerätes nicht die teuren strukturierten sein müssen.

189 Keine Reste

Sie vermeiden Reste und damit die Verschwendung von Lebensmitteln, wenn Ihre Gäste bei der Portionsgröße mitsprechen dürfen. Beladen Sie deshalb nicht alle Teller am Grill, sondern geben Sie das fertige Grillgut auf eine Platte auf den Tisch, sodass sich jeder Gast nehmen kann, was und wie viel er möchte.

190 Zwei Zangen sind besser als eine

Am Smoker oder am Holzkohlegrill sind zwei Zangen besser als eine. Mit der einen sortieren Sie die Kohle oder das Holz, die andere ist für das Fleisch reserviert. Auch wenn es Ihnen persönlich nichts ausmacht, das Fleisch und das Holz mit derselben Zange anzufassen, Gäste stören sich möglicherweise dran.

191 Scharfe Messer

Mit scharfen Messern geschnitten wirken auch festere Steaks weicher. Andersherum hat man bei sehr zarten Steaks das Gefühl, sie seien zäh, obwohl nur das Messer stumpf ist.

192 Tranchierbesteck

Ein Tranchierbesteck für Lamm oder Spanferkel besteht aus einer langen Gabel mit geraden Zinken und einem kurzen Messer. Damit können Sie besser um die Knochen schneiden als mit einem langen Messer. Das lange Messer ist nur geeignet, um beispielsweise von einem Braten ohne Knochen Scheiben herunterzuschneiden.

Die lange Gabel und das kurze Messer sind zum Tranchieren da, mit dem langen Messer schneiden Sie Scheiben von einem Braten ohne Knochen.

193 Große Fleischportionen bewegen

Um eine ganze Schulter, einen Schinken oder einen Puter im Smoker besser bewegen zu können, legen Sie ihn auf ein zusätzliches Gitter und bei Bedarf auch in eine Aluschüssel. Wenn der Braten gar und weich ist, können Sie ihn auf dem Rost einfach entnehmen.

194 Zerlegen auf Kubanisch

Überall liest man, dass das Messer scharf sein soll. Für frisches, rohes Fleisch mag das gelten, gegartes Fleisch sollte aber weich sein, sodass das Messer durchaus stumpf sein kann. Es wird dann allerdings mehr zerdrückt als geschnitten. Auf Kuba zerlegt man die Spanferkel traditionell mit einer Untertasse, um zu zeigen, wie zart das Fleisch ist.

135 Schnelle Wärmestube

Verbinden Sie zwei Einweg-Aluschalen an einer langen Seite mit Klebeband, sodass sich ein Scharnier bildet. Diesen Behälter können Sie einfach aufklappen und das Fleisch hineinlegen, um es warm zu halten.

136 Suppenteller statt Alufolie

Ein Steak sollte nach dem Grillen einige Minuten ruhen, dabei aber nicht auskühlen. Anstatt es in Alufolie zu wickeln, decken Sie den Teller einfach mit einem Suppenteller ab. Das sieht eleganter aus und produziert keinen Müll.

138 Mülleimer nicht vergessen!

Wenn Sie für eine größere Gruppe grillen, ist ein Mülleimer in Reichweite des Grills für das Anrichten außerordentlich praktisch. Benutzte Alufolie und verschmutzte Küchentücher verschwinden schnell und diskret. Handelt es sich bei dem Mülleimer um einen mit Klappdeckel, den man mit dem Fuß bedient, dann bleiben auch die Wespen draußen.

137 Nichts rutscht mehr

Wer kennt nicht die Schüsseln aus Edelstahl, besonders die eckigen Gastronorm-Behälter, die auf dem Tisch hin und her tanzen? Oder die Schneidebretter, die immer wegrutschen? Das hat ein Ende, wenn Sie ein Stück einer Antirutschmatte unterlegen. Diese Matten lassen sich auch schnell ausspülen und sind wieder sauber. Zur Not hilft auch ein feuchter Lappen, der unter die Schüssel gelegt wird.

199 Schneidebrett zwischendurch reinigen

Auf einem Schneidebrett, das Sie beim Portionieren von gegartem Fleisch verwenden, sammeln sich schnell eine Menge Saft und kleine Stücke an, die so erst mal nicht weiterzuverwenden sind. Das Brett bekommen Sie schnell wieder relativ sauber, wenn Sie die Stücke mit einem Schlesinger (Kunststoffteigschaber) wegschieben. Ein Tuch wäre hier fehl am Platz.

. . . .

200 Sauberes Schneidebrett

Wenn Sie Braten schneiden, legen Sie das Schneidebrett in ein Backblech, dann läuft weder der Saft auf den Tisch, noch fallen die kleinen Fleischreste darauf. Es sammelt sich alles im Blech.

Saubere Sache: Das Schneidebrett liegt in dem Blech, so läuft nichts auf den Tisch und dank der Antirutschmatte bewegt es sich auch nicht.

201 Zusatztisch praktisch

Tische kann man nie genug haben, meist werden aber Tapeziertafeln als Buffettische zweckentfremdet. Diese halten den Belastungen aber nicht stand, sie sind schließlich nur für eine Rolle Papier gedacht. Praktischer ist es, sich aus dem Baumarkt einfache Malerböcke zu beschaffen und auf diese eine ordentlich dicke Küchenarbeitsplatte zu legen. Diese Platten gibt es in großen Baumärkten als Abschnitte, Fehlzuschnitte oder B-Ware für wenig Geld. Bei 2 m Länge sollte aber Schluss sein, denn so passt sie noch in einen Kombi mit umlegbarer Rückbank. Mit zwei Tischen zu je 2 m Länge sind Sie flexibler als mit einem Monster mit 4 m Länge. Von dem Gewicht ganz zu schweigen.

202

Billige Einweg-
tischdecke

Braunes Packpapier von der
Rolle ist deutlich strapazier-
fähiger als die dünnen
weißen Einwegtischdecken
und sieht auch noch rusti-
kal aus. Es lässt sich außerdem mit Edding-Stiften
beschriften oder verzieren.

203
Wasserkanister
benutzen

Einen Wasserkanister können Sie draußen
einfach zum Händewaschen verwenden,
auch ohne Hahn. Legen Sie den Kanister
auf die Seite und öffnen Sie den Deckel vorsichtig, bis das Wasser ausreichend fließt.
Es gluckert zwar und läuft ungleichmäßig,
aber es ist ja auch nur ein Behelf.

204
Richtig
ausgießen

Damit das Wasser aus dem Kanister nicht
schwappt und unkontrolliert aus dem
Kanister schießt, muss der Ausgießer oben
liegen. Das sieht zwar ungewohnt aus,
funktioniert aber wunderbar, übrigens
auch bei Tetra-Packs.

205
Punkten mit einfachen Gerichten

Bei einem Chili aus einem großen Kessel handelt es sich um die Partyspeise schlechthin. Meist wird sie lieblos auf einen Teller geklatscht und der Gast muss damit zufrieden sein. Dabei geht es mit wenig Aufwand viel einfacher und besser: Kochen Sie zu dem Chili einen schönen Reis, der ruhig kleben darf. Mit einer halbrunden Cappuccino-Tasse kellen Sie den Reis mittig auf den Teller und geben das Chili rundherum. Mit einer Reibe raspeln Sie Späne von einem würzigen Cheddar- oder Raclette-Käse über das Chili und schon sieht das Ganze deutlich attraktiver und appetitlicher aus.

207
Richtige Wahl der Speisen

Wenn Sie viele Gäste erwarten und diese mit einem Dutch Oven bekochen möchten, dann sollten Sie sich auf Gerichte beschränken, die in der Endphase der Zubereitung wenig Aufmerksamkeit benötigen. Ein Krustenbraten benötigt am Ende beim Aufknuspern die meiste Aufmerksamkeit, damit die Schwarte auch rösch wird. Bleibt sie weich, sind Ihnen die langen Gesichter Ihrer Gäste sicher. Nehmen Sie also lieber Schweinenacken und bereiten ihn als Spießbraten zu, er hat keine Schwarte, die misslingen oder die man vermissen kann. Gut geeignet ist auch Schichtfleisch, denn es ist fertig, wenn die Gäste kommen, und wird nur noch warmgehalten.

206
Fleisch im Brötchen

Wenn Sie Fleischscheiben im Brötchen servieren, dann helfen zwei Tricks weiter: Zum einen schneiden Sie das Brötchen nicht komplett durch, sondern lassen die beiden Hälften an einer Seite zusammen. Zum Zweiten schneiden Sie nicht eine dicke Scheibe Fleisch, sondern mehrere dünne, so lässt sich das Fleisch besser beißen.

208
Warmhalteplatten

Um die Warmhaltebehälter richtig zu befüllen, nutzen Sie immer heißes Wasser. So müssen Sie die Energie der Heizung nicht dazu zu verwenden, das Wasser erst aufzuwärmen.

203 Baguette nicht vorschneiden

Das Baguette niemals schneiden, sondern ein Brett und ein gutes Brotmesser hinlegen oder die Leute ermutigen, das Brot zu brechen, wie das bei Baguette üblich ist. So bleiben die Reste am Stück und halten sich länger.

Das Baguette auf keinen Fall schon vor der Feier aufschneiden, denn dann wird es trocken. Bitte auch nicht in Tupperdosen aufbewaren, denn dann wird das Brot pappig.

210 Brot niemals smoken

Wenn Sie Brotscheiben toasten möchten, dann sollten Sie das immer über der Glut machen und niemals mit Smoking-Chips und geschlossenem Deckel. Das Brot nimmt den Rauchgeschmack sehr schnell an und schmeckt dann zu streng nach Rauch.

211 Niemals am Brot sparen!

Immer wieder muss ich erleben, dass Gastgeber einer Grillparty beim Brot auf die billigsten Sorten zurückgreifen. Das Einkaufen des Brotes sollten Sie sich als Griller nicht aus der Hand nehmen lassen! Sie quälen sich stundenlang mit dem Fleisch und dann zieht die minderwertige Qualität des Brotes alles wieder runter. Auch wenn die meisten Menschen sich selten ein handwerklich gefertigtes Brötchen kaufen, sie werden den Unterschied bemerken.

212 Grillbutter auf dem Buffet

Damit die Grillbutter immer schön kalt und appetitlich ist, schneiden Sie sie in Portionsstücke und geben sie in kaltes Wasser mit Eiswürfeln. Jeder fischt sich dann ein Stück heraus.

Wenn Sie nasse Butter nicht mögen, können Sie die Butter auch in eine Müslischale geben, die Sie wiederum in eine größere Schüssel mit Eiswürfeln setzen.

213 Praktische Bierpreise

Gerade bei Dorffesten und anderen Veranstaltungen, bei denen Laien im Festausschuss sitzen, kommen die komischsten Preise zustande, z. B. ein Bier für 1,70 Euro und ein Schnaps für 90 Cent. Bei runden Preisen ist das Abrechnen und Kassieren viel einfacher. Damit Sie mit der Kalkulation dann besser hinkommen, verändern Sie die Größe des Glases, also besser ein 0,2-Liter-Glas für 2 Euro als ein 0,3-Liter-Glas für 2,90 Euro. Die berühmten Willy-Becher gibt es in Füllmengen von 0,2 Liter, 0,25 Liter, 0,3 Liter, 0,4 Liter und 0,5 Liter. Da sollte für jeden etwas dabei sein. Und der Bierlieferant bringt die passenden Gläser meist mit. Ein Bier für zwei Euro und ein Schnaps für einen Euro, das sind praktische Preise – und Antialk auch ein Euro. So brauchen Sie kaum Wechselgeld.

214 Pfand auf Biergläser

Bei Dorffesten im Kreise der „üblichen Verdächtigen" ist Pfand auf Biergläser eine unpraktische Sache, denn die Gläser kosten fast nichts und der Bierlieferant bekommt diese meist ohnehin von der Brauerei gestellt. Und wenn der Schwund zu groß wird, dann kalkulieren Sie eben einige Cent in den Bierpreis ein.

216 Zuckerkuchen und Lagerfeuerkaffee

Eine Kanne Lagerfeuerkaffee und ein Stück Zuckerkuchen vom Blech sind ein praktischer und schneller Nachtisch, wenn Sie draußen kochen. Sie brauchen nur Kaffeebecher und Küchentücher. Der Zuckerkuchen wird gleich auf dem Blech geschnitten und aus der Hand gegessen.

215 Kleine Biergläser

Bei Veranstaltungen sollten Sie immer möglichst kleine Biergläser ausgeben. Da viele Leute eine Runde geben wollen, ist das angenehmer zu trinken.

217 Wohin mit den Resten?

Die normale Hausmülltonne bekommt sehr schnell Beine, wenn die Fleischreste des sommerlichen Grillvergnügens dort längere Zeit auf den Abtransport warten. Wenn es in der Tonne schon von Maden wimmelt, dann sollten Sie den Deckel etwas anheben und durch ein Stück Holz einen Spalt offen halten. Die Maden verziehen sich dann nach unten ins Dunkle, bis sie bei der Leerung abgeholt werden. Anschließend sollten Sie die Tonne mit heißem Wasser gründlich ausspülen. Noch besser ist es, bei großen Mengen wie den Resten eines Spanferkels, alles in einem großen stabilen Plastikmüllsack zu sammeln und einzufrieren. Kurz vor der Leerung kommt dann der Sack mit den eingefrorenen Resten in die Tonne.

WINTERGRILLEN

218 Beim Wintergrillen im Warmen essen

Da die Temperaturen beim Wintergrillen nicht unbedingt zum Essen draußen einladen, sollten Sie die Tafel in einen warmen Raum verlegen, dort kühlt das Essen auch nicht so schnell aus.

219

Heißes Essen auch beim Wintergrillen

Damit das Fleisch nicht so schnell aus-kühlt, hängen Sie eine Wärmelampe über den Tisch, an dem Sie das Essen aufschnei-den. Das ist praktischer als ein Rechaud.

220 Etwas Warmes braucht der Mensch

Beim Wintergrillen – besonders, wenn Sie auch draußen essen – sollten Sie sich gegen einen kalten Salat und für warme Beilagen und ein warmes Dessert entscheiden. Die Gäste werden es Ihnen danken.

221 Wer nicht vorsorgt, hat das Nachsehen

Für das Wintergrillen kann die Beschaffung der Kohle zum Problem werden. Kaufen Sie daher einen ordentlichen Vorrat im Sommer und lagern Sie diesen so, dass er keine Feuchtigkeit ziehen kann. So können Sie auch Sonderangebote nutzen. Im Winter kosten Grillbriketts – wenn Sie überhaupt welche bekommen – oftmals mehr als Nackensteaks.

222 Vorbereitungen im Warmen

Wintergrillen ist deutlich angenehmer, wenn Sie die Vorbereitungen in der warmen Küche durchführen, während draußen die Kohlen durchglühen.

223 Hitze halten

Beim Wintergrillen ist es wichtig, den Grill nur ganz kurz zu öffnen, da die Hitze noch schneller entweicht. Der Grill sollte dicke Gusseisenroste besitzen oder eine dicke Steinplatte, auf denen Sie einen Teil der Speisen zubereiten können. Selbst wenn die heiße Luft entweicht, weil Sie den Deckel geöffnet haben, bleiben die Gussroste oder die Bratplatte (Griddle) heiß.

224 Im Winter ist es früh dunkel

Beim Wintergrillen sollten Sie sich Gedanken um das fehlenden Licht machen: Auch wenn Sie mit dem BBQ im Hellen anfangen, werden Sie aller Voraussicht nach im Dunkeln damit aufhören. Suchen Sie also schon im Hellen alle Sachen zusammen, damit dann später nichts verloren geht oder in den Schnee getreten wird.

225 Es werde Licht

Beim Wintergrillen ist das fehlende Licht am Abend kein Problem, wenn man sich als Grillmeister eine Stirnlampe besorgt. Der Lichtkegel scheint genau dorthin, wo man hinschaut. Ansonsten hilft ein kleiner Klemmspot. Im Internet findet man die Leuchten auch mit Batteriebetrieb, als sogenannte Notenständer- oder Leselampen.

226

Weniger ist mehr!

Machen Sie kleine Portionen, bei großen wird ein Teil sicherlich kalt werden.

227

Heiße Sauce

Stellen Sie die Steaksauce mit auf den Grill, sodass sie heiß auf den Burger kommt.

228

Winterburger

Hamburger sind beim Winter-grillen auch eine tolle Sache. Nehmen Sie kleine Buns, die sind gegessen, bevor sie kalt geworden sind. Wenn Sie die Pattys auf einer Bratplatte grillen, können Sie daneben in einer Pfanne Zwiebeln mit Kräuterbutter anschwitzen, das bringt mehr Wärme ins Essen als kalte, rohe Zwiebeln und Tomaten.

KOCHTIPPS

229

Fleischabschnitte

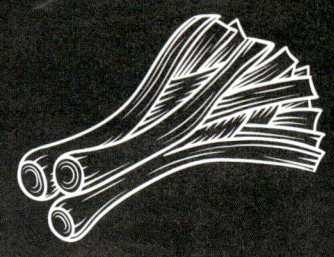

Von den Fleischabschnitten und Knochen, die beim Zuschneiden von Steaks anfallen, können Sie einen leckeren Fond kochen. Legen Sie die Stücke einfach auf ein Backblech und geben Sie gewürfeltes Wurzelgemüse und etwas Tomatenmark hinzu. Bei etwa 200 °C in den Backofen geben, bis die ersten Spitzen schwarz werden. Geben Sie das Ganze dann in einen Topf und gießen Sie mit Wasser auf. Die Brühe zwei Stunden köcheln lassen, dann fischen Sie das Fleisch und das Gemüse heraus. Lassen Sie die Brühe weiter köcheln, bis sie auf etwa die Hälfte des Volumens reduziert ist. Füllen Sie den Fond noch heiß in fest verschließbare Gläser. Die Brühe hält sich einige Tage oder Wochen im Kühlschrank und ist eine ideale Basis, um für kurzgebratenes Fleisch schnell eine Sauce zu zaubern.

230

Frittieren im Wok

Mit einem Wokbrenner können Sie prima frittieren. Mit einer Siebkelle holen Sie die Pommes oder die anderen Speisen aus dem heißen Fett. Ein moderner, echter Wokbrenner jenseits der 15 kWh ist viel zu heiß, wenn er voll aufgedreht ist. Kontrollieren Sie die Temperatur des Fetts, damit die Frühlingsrollen nicht innen gefroren und außen schwarz sind. Ist das Öl auf Temperatur, dann reicht die Pilotflamme bzw. die kleinste Einstellung aus, um die Temperatur zu halten.

231 Cheeseburger schneller grillen

Damit bei einem Cheeseburger der Käse beim direkten Grillen schneller schmilzt, grillen Sie zunächst das Patty fast fertig, legen dann den Käse auf und decken das Ganze mit einer Edelstahlschüssel ab. Diese fängt die Hitze und der Käse schmilzt im Nu. Mit einem Holzgriff oder Möbeltürknopf aus dem Baumarkt und einer von innen durchgesteckten Schraube lässt sich dieser Deckel auch noch gut bewegen. Er eignet sich auch als Abdeckung für Steaks, wenn diese vor dem Servieren ruhen sollen.

232 Das schont den Saft im Burger

Sie dürfen den Burger niemals fest auf die Griddle-Platte drücken, dann verliert er nur die Säfte aus der Mitte, gart aber nicht schneller. Um einen besseren Kontakt zwischen der Bratplatte und dem Fleischpatty herzustellen, geben Sie zusätzlich Öl auf die Griddle.

233 Öl für die Griddle – So brät man einen Hamburger

Um das Öl gezielt auf einer Bratplatte zu verteilen, nutzen Sie eine Mayo-Quetschflasche oder eine andere Spritzflasche. So kommt man auch schräg unter das Burgerpatty.

234 Besser vorher in der Küche schnippeln ...

... als während des Essens auf dem Teller. Das Fleisch ist dann weder heiß noch weich, sodass das Ergebnis besser ist. Bei Rumpsteak schneiden Sie die Sehne und das Fett ab, bei Rumpsteak am Knochen schneiden Sie die Sehne fast komplett ab und klappen diese wieder zurück, damit das Fleisch geschützt ist. Bei Entrecôte am Knochen (in Amerika Prime Rib genannt) schneiden Sie den Knochen ab und binden ihn wieder an das Fleisch, dann erhalten Sie einen Braten mit Knochen, der sich aber leicht tranchieren lässt.

235 Die richtige Öltemperatur

Optimales Frittieren erfolgt bei 180 °C Öltemperatur. Am besten messen Sie das nach, aber es geht auch anders: Wenn Sie einen Holzlöffel hineinhalten und sich Blasen bilden oder ein hineingetauchtes Stück Weißbrot gleichmäßig bräunt, dann stimmt die Temperatur.

236 Öl sparen und wiederverwenden

Eine ordentliche Beladung im Wok verbraucht schon einen Liter Öl, der mit etwa vier Euro zu Buche schlägt. Das ist relativ viel für 12 kleine Frühlingsrollen als Vorspeise. Das Öl hält sich aber einige Tage, wenn Sie die verbrannten Teile mit einem einfachen Kaffeefilter herausfiltern.

237 Sellerie-Aufschnitt

Um aus einer Sellerieknolle Würfel in Größe von Streichholzköpfen zu schneiden, hilft ebenfalls eine Aufschnittmaschine. Damit können Sie die Knolle in gleichmäßige Scheiben schneiden, der Rest geht dann mit dem Messer.

238 Vorteile von Alufolie

Ja, auch die gibt es. Beispielsweise bei Brisket oder Rippchen: Die Stücke werden nicht so rauchig, nicht so dunkel, schneller gar und nicht so trocken, wenn Sie sie in Alufolie gewickelt smoken.

239 Krautsalat

Für die Zubereitung von Krautsalat kann man eine Aufschnittmaschine benutzen, mit ihrer Hilfe bekommen Sie feinste Kohlstreifen von 1 mm Stärke. Es sieht aus wie Engelshaar.

240 Sie hassen Alufolie?

Damit das Fleisch nicht zu trocken wird, besprühen Sie es ab und zu mit einer Pumpsprayflasche mit Apfelsaft.

241 Lebensmittel schneiden und vom Brett schieben

Immer wieder erlebe ich in meinen Kochkursen, dass Teilnehmer mit einem scharfen Kochmesser z. B. Zwiebeln schneiden und diese dann mit dem Messer vom Brett schieben, wobei die Schneide rechtwinklig über das Brett gezogen wird. Etwas Schlimmeres kann man seinem Messer nicht antun, denn die Schneide legt sich unweigerlich um und wird schneller stumpf. Entweder Sie nehmen einen Schlesinger (Teigschaber) oder Sie drehen das Messer um und nutzen den Messerrücken.

Am äußeren Rand des aufgeschnittenen Briskets sieht man schön den echten „Smoke-Ring".

242 Smoke-Ring improvisieren

Um den Smoke-Ring, der eigentlich nur beim langen Garen bei niedriger Temperatur im Smoker auftritt, künstlich herbeizuführen, reiben Sie das Fleisch mit ein wenig Nitrit-Pökelsalz ein. Das Salz darf aber nicht zum Marinieren benutzt werden, weil es dann zu lange und damit zu tief einzieht.

243 Bacon knusprig braten

Bacon knusprig zu braten ist ganz einfach, komischerweise kann es kaum jemand – man denke nur an die gummiartigen Baconstreifen in den Warmhaltebehältern beim Hotelfrühstück. So geht es richtig: Der kalte Bacon wird ohne Fett in die kalte Pfanne oder auf den Grill gelegt. Dort bleibt er so lange unangetastet liegen, bis Fett und Flüssigkeit ausgebraten sind, er auf der Unterseite gebräunt ist und sich zusammengezogen hat. In dem entstandenen Fett braten Sie den Speck von der anderen Seite, bis er dort ebenfalls braun ist. Das war es. Er wird in der Pfanne nicht knusprig, das geht nicht. Er muss erst auf dem Teller etwas abkühlen, dann ist er

hart und rösch. Sollte die Pfanne zu groß sein, dann kann es sein, dass Sie noch etwas Öl nachgießen müssen. Aber normalerweise kommt der Speck ohne zusätzliches Fett aus.

244 Fleisch wölbt sich auf dem Grill oder in der Pfanne

Wenn sich Fleisch wölbt – meist Nacken-steaks vom Schwein –, können Sie folgendermaßen Abhilfe schaffen: Entweder setzen Sie gekonnt Ent-lastungsschnitte, sodass das Fleisch wieder flacher liegt, oder Sie legen eine Grillpresse auf das Fleisch. Diese Grill-presse sieht aus wie ein altes Setzbügel-eisen und wird auf dem Grill vorgeheizt.

245

Keine Grillpresse?

Sie haben keine Grillpresse, um Bacon oder Steaks auf dem Grill flachzudrücken? Dann nehmen Sie eine schwere Guss-eisenpfanne.

246 Doppelte Spieße sind besser zu handhaben

Wenn Sie delikate Speisen auf Holzspieße stecken und diese dann wenden wollen, drehen sie sich oft unkontrolliert hin und her. Viel einfacher ist es, nicht einen, sondern zwei Spieße parallel zu verwenden. Das Ganze lässt sich dann einfach und sauber wenden.

247 Drehen statt Drücken

Bei Zahnstochern oder Schaschlikspießen aus Holz ist es nicht leicht, durch etwas festeres Fleisch zu stechen. Da hilft es, den Spieß zwischen Daumen und Zeigefinger hin und her zu drehen. So bohrt sich das Holz leichter durch das Fleisch.

248 Immer wieder heiß!

Zum Branden sollten Sie das Steak beim Wenden immer auf eine neue Stelle des Grills legen, weil dort das Metall noch heiß ist und das Branding besser gelingt.

249 Fleisch feucht halten

Wenn Sie das Gefühl haben, dass die Schweinesteaks zu trocken werden, besprühen Sie das Fleisch auf dem Grill mit Apfelsaft. Dafür eignen sich Pumpsprühflaschen ausgezeichnet. Auch die Schweinenacken im Smoker erhalten so zusätzlich Feuchtigkeit.

250 Die Zeit nicht vergessen!

Wenn Sie viele verschiedene Speisen auf dem Grill zubereiten, hilft eine Eieruhr, die Übersicht zu behalten. Stellen Sie sich, wenn Sie mehrere Dinge braten, auch zwei oder drei und Sie werden rechtzeitig erinnert.

251 Holzspieße brennen nicht

Wenn sie durch eine Schicht Alufolie geschützt sind, brennen Holzspieße nicht an. Einfach zwei Streifen Alufolie auf den Grill legen und die ungeschützten Enden der Spieße auf die Folie legen, so bleiben sie unbeschädigt.

252 Schwarze Pfannenböden

Die Böden von Pfannen, die auf dem Lagerfeuer benutzt werden, sind vom Rauch unten schwarz versottet. Sie dürfen diese nicht auf helle Schneidebretter stellen, denn den Ruß bekommen Sie aus den Rillen nur schlecht wieder heraus.

253 Grillzange als Zitronenpresse

Legen Sie eine halbe Zitrone in die Mitte der Grillzange. Sie lässt sich auf diese Art kinderleicht auspressen und man spart auch noch den Abwasch der Zitronenpresse.

254 Popcorn im Wok

Ein Wok mit seiner zentralen Hitze ist ideal für die Herstellung von Popcorn. Unten im Wok befindet sich das Öl, die gepoppten Maiskörner liegen seitlich an der Wand, wo die Hitze gering ist, und können nicht an- brennen. Suchen Sie zunächst nach einem passenden Deckel. Geben Sie zwei Esslöffel Öl und einige Maiskörner in den Wok und legen Sie den Deckel auf. Sobald die wenigen Körner poppen, geben Sie höchstens eine halbe Tasse Maiskörner, eher weniger, dazu und schließen den Deckel wieder. Jetzt müssen Sie die geringste Hitze einstellen, die der Wokbrenner ermöglicht, sonst verbrennt alles. Nach ein bis zwei Minuten sind alle Körner gepoppt. Dann sollten Sie das Popcorn sofort aus dem Wok nehmen, zuckern und auskühlen lassen.

255 Pizzateig im Eimer

Pizzateig hält sich länger und bekommt auch keine lästige Trockenkruste, wenn Sie diesen in einem Eimer mit dicht schließendem Deckel gehen lassen. Nach der Pizzasauce hält sich der restliche Teig gekühlt noch einige Tage im Kühlschrank. Streichen Sie ihn nur vorher an der Oberfläche mit etwas Wasser ein.

256 Teig ohne Nudelholz ausrollen

Sollten Sie kein Nudelholz zur Hand haben, können Sie Ihren Teig auch mit einer Weinflasche ausrollen. Pizzateig wird traditionell mit einer Grappa-Flasche ausgerollt.

257 Bier aufs Fleisch?

Zunächst einmal: Das Bier gehört in den Griller, nicht in den Grill. Wenn das Fleisch oder das Fett aufflammen sollten, dann zieht man es einfach von der Stelle, die brennt. Man kann Fleisch in Bier zusammen mit Gewürzen und Zwiebeln marinieren, aber eine kulinarische Offenbarung ist das nicht. Dafür hat Bier einfach zu wenig Geschmack und beim Grillen wird das Bier durch den verbrannten Zucker eher noch bitterer, als es ohnehin schon ist.

258 Bier auf die Kohle?

Sollte das Bier zum Ablöschen der Kohle verwendet werden, dann passiert Folgendes: Das Bier verdampft schlagartig und der entstehende Wasserdampf reißt Kohle- und Aschestückchen in die Luft. Aus einem Liter Wasser werden etwa 1600 Liter Wasserdampf und das schlagartig, wenn genug Energie zur Verfügung steht. Auf dem Grill passiert genau dasselbe, nur eben mit weniger Energie und weniger Flüssigkeit. Neben der Abkühlung der Kohle verdrängt der Wasserdampf auch den Sauerstoff und die Kohle kann dadurch ersticken. Weiterhin karamellisieren die Zuckerbestandteile im Bier so unkontrolliert, dass diese bitter werden und verbrennen. Ganz abgesehen davon löscht man einen Fettbrand nicht mit Wasser.
Also bitte auf das Löschen mit Bier verzichten!

259

Thermometer sind heiß!

Denken Sie daran, dass ein Thermometer im Fleisch nicht die Temperatur des Fleischkerns hat, sondern die des Garraums. So viel Hornhaut kann man gar nicht an den Fingern haben, dass man ein Thermometer mit 140 °C anfassen kann, ohne sich zu verbrennen. Daher: Immer mit der Zange oder Hitzeschutzhandschuhen herausziehen!

260 Eisbergsalat zerteilen

Um den Strunk eines Eisbergsalats zu entfernen, nehmen Sie den Salatkopf fest in beide Hände und schlagen den nach unten herausstehenden Strunk mit Schwung auf ein Schneidebrett. Sämtliche Blätter reißen sauber ab und Sie können den Strunk einfach herausziehen.

261 Ikea Deckelhalter für Fisch, Fleisch und Geflügel

Einen ganzen Fisch kann man ganz einfach smoken, wenn man diesen in den Deckelhalter von IKEA legt. Hier halten auch mehrere Portionsfische wie Forellen oder Makrelen. Um Hühnerbeine (Drumsticks) zu smoken, wird der Deckelhalter auf die Seite gelegt und die Hühner mit dem Gelenk oben zwischen die Stangen geklemmt.

262 Apfel schnell zerteilen

Oft benötigt man einen Apfel nur grob zerteilt, beispielsweise für die Füllung einer Ente. Sehr schnell funktioniert das auch mit einem sehr großen Messer, das sich ansonsten nicht sehr gut zum Entfernen des Kerngehäuses eignet. Schneiden Sie zuerst einmal ein Stück ab, aber so, dass das Gehäuse nicht getroffen wird. Dann legen Sie den Apfel auf die Schnittfläche und schneiden wiederum am Kernhaus vorbei ein Viertel ab. Jetzt drehen Sie den Apfel und schneiden wieder ein Viertel ab und schließlich liegt ein Viertel vor Ihnen mit dem Kerngehäuse, das Sie dann auch noch abschneiden.

263 Trennspray ist praktisch

Um Backformen oder Kuchenbleche schnell und sicher einzufetten, ist Trennspray aus der Dose unschlagbar. Es ist auch praktisch, um die Teile des Fleischwolfes einzufetten, bevor man das Schneidwerk einsetzt – oder den Knethaken der Küchenmaschine.

264 Schnelle Erbsensuppe

Soll die Erbsensuppe schnell fertig sein und Sie haben keine Zeit zum Einweichen, dann nehmen Sie gelbe Schälerbsen, sie benötigen weniger als die halbe Garzeit im Vergleich zu anderen Erbsen.

265 Würstchen separat erhitzen

Wenn Sie zu einer Erbsensuppe Würstchen servieren, dann sollten Sie diese immer getrennt von der Suppe warm machen. Die Würstchen dürfen höchstens 80 °C heiß werden, sonst können sie platzen. Die Erbsensuppe sollte kurz vorher gekocht haben.

266 Tolles Wurstwasser

Würstchen laugen nicht so aus, wenn Sie sie im eigenen Wurstwasser aus der Dose erwärmen. Sollte die Menge nicht ausreichen, dann können sie immer noch Wasser nachgießen.

267 Bohnen richtig kochen

Die Bohnen sollten nur ganz leicht mit Flüssigkeit bedeckt sein, sodass sie gerade nicht mehr unten anbrennen können. Sobald etwas von der Flüssigkeit verdampft ist, gießen Sie heißes Wasser nach. Niemals kaltes nehmen, die Bohnen hören dann auf zu kochen. Stellen Sie einfach eine Kanne mit Wasser neben das Feuer, so ist es immer heiß.

268 Knochenbrühe nicht salzen

Eine Knochenbrühe als Grundlage für eine Erbsensuppe dürfen Sie nicht salzen, weil die Brühe dann gewaltig aufschäumt und überkocht.

DAS BRENNMATERIAL

ES SOLL GRILLER GEBEN, DIE FÜR EIN KILOGRAMM HOLZKOHLE MEHR GELD AUSGEBEN ALS ANDERE FÜR EIN KILOGRAMM FLEISCH.

Brennmaterial braucht man für den Grill, den Smoker und den Dutch Oven. Deshalb haben wir alle Tipps, die sich auf jedwedes Brennmaterial beziehen, in einem Kapitel gesammelt, ganz unabhängig davon, welches Gerät damit befeuert werden soll.

269

Grillkohle sparen

Schütten Sie die glühende Kohle in eine alte Blechkiste und schließen Sie den Deckel. Schon nach kurzer Zeit erstickt die Glut und Sie können die Kohlen noch einmal verwenden.

270

Kohle sparen im Kugelgrill

Um die Kohlen ein zweites Mal zu benutzen, brauchen Sie nur den Deckel und die Luftzufuhr zu schließen. Die Kohle geht aus, kann im Grill verbleiben und beim nächsten Mal wieder verwendet werden.

271 Holzkohleschaufel selbstgemacht

Aus einem Plastikkanister können Sie mit einer stabilen Schere ganz leicht eine Schaufel für die Holzkohle herstellen.

272 Holzkohle sieben

Im Gartenfachhandel gibt es Siebe für Kompost, die sich hervorragend eignen, um Holzkohle auszusieben. Das ist eine Arbeit für einen windstillen Tag im Sommer. Legen Sie das Sieb im Garten auf vier Backsteine, wo der Staub liegen bleiben kann, und schütten Sie die Holzkohle auf das Sieb. Bewegen Sie die Kohle etwas mit einer Schaufel und schon fallen der ganze Staub und die kleinen Teile durch die Maschen. Die staubfreie Holzkohle lässt sich viel sauberer verwenden, denn beim Nachlegen während des Grillens staubt die Kohle nicht auf das schon fertige Grillgut.

273 Umschaufeln mit Anzündkamin

Wer den Aufwand scheut, ein Kompostsieb zu kaufen, kann seinen Kohlevorrat auch einmal mit dem Anzündkamin umschaufeln, um ihn vom Staub und kleineren Partikeln zu befreien. Dazu füllen Sie den Anzündkamin nur halb voll und schütteln die Kohle kräftig, dann werden gleichzeitig der Staub und die kleinen Stücke ausgesiebt.

274 Ein Fass für die Kohle

Bewahren Sie Ihren Kohlevorrat in einem Plastikfass mit Schraubdeckel auf, das Sie im Baumarkt günstig erstehen können. Dieses Fass kann aufgrund der Dichtung im Deckel auch draußen stehen, ohne dass die Kohle Feuchtigkeit zieht.

275 Alte Kohle auf den Kompost

Schon die alten Andenvölker in Peru nutzten Holzkohle und Kompost, um diese schwarze Erde als „Terra preta" auf den Feldern auszubringen. Stellen Sie aber sicher, dass die Kohle wirklich gelöscht ist.

276 Kleine Lagerfeuer!

Der weiße Mann macht ein großes Feuer und stellt sich weit weg, der Indianer macht ein kleines Feuer und setzt sich dicht davor ...

277 Hartholz sparen

Beim Kochen am Lagerfeuer oder beim Grillen am offenen Feuer ist Buchenholz erste Wahl, aber nicht in allen Landstrichen Deutschlands gleichermaßen verfügbar. Sorgen Sie dafür, dass zum Kochen bzw. Grillen Buchenholz verfügbar ist. Stellen Sie die Reste nach dem Kochen sicher und legen Sie das minderwertigere Nadelholz zum Lagerfeuer, sodass Ihre Gäste mit dem einfachen, leicht zu beschaffenden Holz das Lagerfeuer beschicken können.

278 Anzünder vergessen?

Kein Problem, geben Sie einfach einen Eierkarton unten in den Grill, legen Sie in jede Vertiefung ein Grillbrikett oder ein größeres Stück Holzkohle, die restliche Kohle geben Sie außen herum. Zünden Sie den Eierkarton an und nach einer halben bis dreiviertel Stunde ist der Grill heiß.

279 Selbstgemachte Anzünder

Aus einem Eierkarton lassen sich schnell und einfach tolle Anzünder selber machen: Schneiden Sie die 6–10 Vertiefungen des Eierkartons auseinander. Geben Sie in jedes Stück etwas heißes Wachs und sofort etwas Holzwolle darauf – fertig.

280

Paulinchen e.V. warnt:

Jedes Jahr ereignen sich allein in Deutschland ca. 4000 Grill-Unfälle mit Spiritus, bei denen etwa 400 Menschen schwerste Brandverletzungen davontragen. Spiritus hat beim Grillen nichts zu suchen!

281

Zeitung und Weinflasche zum Anzünden des Grills

Nehmen Sie eine Weinflasche mit gerader Wand und rollen Sie einige Doppelseiten Zeitungspapier diagonal auf. Diese werden stramm rund um die Weinflasche gelegt, allerdings nur unterhalb des Flaschenhalses. Danach stellen Sie diese Konstruktion in die Mitte des Grills und schütten die Kohle rund um die Flasche. Ziehen Sie die Flasche nun vorsichtig heraus und drücken Sie dabei gegen die Zeitung, damit diese an ihrem Platz bleibt. Zünden Sie die Zeitung innerhalb des Kohlehaufens möglichst tief unten an. Nach wenigen Minuten hat sich ein Zug wie in einem Kamin gebildet, der die Kohlen selbständig entfacht.

282

Standfester Hackklotz

Einen Hackklotz können Sie ganz leicht pimpen, damit er solide steht: Höhlen Sie das untere Ende leicht aus, sodass er nur auf dem Rand steht, schon hört das Wackeln und Tanzen auf. Um ihn besser anfassen zu können, schlagen Sie zwei Bauklammern seitlich hinein.

283

Hackklotz hält länger

Schlagen Sie niemals die Spaltaxt in den Klotz, um sie dekorativ „abzustellen". Sie müssen sehr fest zuschlagen, damit die stark keilförmige Klinge hält, wodurch die Oberfläche beschädigt wird. Weiterhin sollten Sie den Klotz wasserdicht, aber luftig abdecken, wenn er draußen steht. Legen Sie die Axt auf den Hackklotz und decken Sie beides mit einem Backblech ab. So kommt kein Wasser auf den Klotz, die Luft kann aber zirkulieren.

284 Woran erkennt man gutes Holz?

Zunächst einmal muss das Holz von einem Baum stammen, der lebend gefällt wurde. Dann wird das Holz gespalten, ein oder zwei Jahre gelagert und ist nach dem Trocknen immer noch gelblich. Totholz, das im Wald herumliegt, ist auch nach dem Spalten selbst innen grau. Das ist zwar toll fürs Lagerfeuer, hat aber im Smoker nichts zu suchen.

Trockenes Holz klingt hell, wenn man es anschlägt. Grünes und damit feuchtes Holz klingt dumpf und ist auch wesentlich schwerer, weil das Wasser noch nicht aus dem Holz verdunstet ist.

Trockenes Holz brennt schnell an, produziert wenig Qualm, viel Glut und brennt langsam. Achten Sie darauf, dass möglichst wenig Borke daran ist – besonders bei den Holzarten mit dicker Borke –, denn diese neigt zum Qualmen.

Frisches, feuchtes Holz fühlt sich schwer an, qualmt viel und stark, da die Flüssigkeit im Holz erst einmal verdampfen muss.

Gutes Holz ist sauber und trocken und sieht so appetitlich aus, dass man sein Essen direkt darauflegen möchte.

Alte Zäune oder behandelte Palisaden taugen nicht mal als Lagerfeuer und sind Bauschutt!

Diese Klötzchen aus einer Möbelfabrik taugen als Bauklötze für Kinder, sie brennen aber sehr schlecht, auch wenn es Buchenholz ist.

285 Welches heimische Holz eignet sich?

Buche
Für das Kalträuchern verwendet man in Deutschland normalerweise Buchenspäne. Aber auch als Heizmaterial ist Buchenholz sehr beliebt. Was liegt da näher, als es auch

zum Smoken zu verwenden? Ich nutze es schon seit fast 20 Jahren zu diesem Zweck und habe bisher keine negativen Erfahrungen gemacht oder etwas vermisst.

Obstholz
Apfel-, Kirsch- oder Pflaumenbäume fallen oftmals als Brennmaterial an. Diese Sorten brennen gut, bilden ein ordentliches Glutbett und geben einen besonderen Geschmack an die gesmokten Gerichte ab.

Erle
Das typische Holz zum Räuchern und Smoken von Fischen, denn die Erle brennt

gut und produziert auch reichlich neutralen Rauch für die Garkammer.

Eiche

Eiche erzeugt gute Glut, aber auch viel qualmende Borke. Zum Kochen mit dem Dutch Oven ist sie gut geeignet, für das direkte Grillen eher weniger. Auch im Smoker würde ich sie nicht verwenden.

Ahorn und Esche

Beide Holzarten lassen sich gut als Anzünd-holz spalten und sind neutral. Bei den Buchenholzlieferungen sind diese oftmals als Beimischung enthalten. Man kann sie einfach mit verbrennen.

Birke

Gerade in den neuen Bundesländern ist das Grillen in der Strahlungshitze eines Birkenfeuers beispielsweise bei der Zubereitung eines Thüringer Mutzbratens üblich. Birke brennt auch feucht und hat aufgrund ihrer typischen Inhaltsstoffe einen ganz speziellen Geruch. Dafür bildet ein Birkenfeuer keine vernünftige Glut.

286 Nadelholz

Nadelhölzer haben beim Smoken nichts zu suchen, sie werden nach dem Essen auf dem Lagerfeuer verbrannt.

. . . .

287 Sie lagern Ihr Holz in Gitterboxen?

Es gibt Plastiktüten, die die Boxen vor Regen schützen. Das Internet hilft bei der Suche. Diese sind allerdings nicht billig, dafür aber empfindlich, und der Regen sammelt sich in den Vertiefungen. Sie müssen daher die Gitterbox mit einer Platte abdecken oder die Hölzer innen zu einem kleinen Turm stapeln, damit das Regenwasser ablaufen kann.

288 Kohle löschen

Beim Kochen mit dem Dutch Oven muss man oft noch einmal Kohlen anzünden, obwohl man nur noch eine halbe Stunde Hitze braucht. Dann ist es schade um den schönen Brennstoff, der noch drei Stunden Hitze liefern könnte. Geben Sie die Kohlen einfach am Ende der Garzeit in einen alten Topf und schließen Sie den Deckel. Schon nach kurzer Zeit sind sie erstickt und Sie können sie noch einmal verwenden.

SMOKER

289 Haken und Roste im Kalten testen

Wenn Sie in einen Grill oder Smoker Roste einlegen oder Haken anhängen wollen, dann sollten Sie das am kalten Grill vorher ausprobieren. Das Augenmaß kann manchmal täuschen und wenn ein Haken nicht passt, dann nesteln Sie im heißen Smoker mit einem acht Kilo schweren Puter herum.

290 Schornstein zu!

Schließen Sie bei Ihrem Smoker nach Benutzung immer den Schornstein, sonst kommt Regenwasser hinein und er rostet.

291
Sicherheit geht vor!

Bei größeren Veranstaltungen mit Kindern sollten sie den Smoker mit Bänken o. ä. zustellen, damit sich niemand verbrennt.

292 Klappe nicht ganz schließen

Sollte der Smoker länger nicht benutzt werden, dann lassen Sie durch ein eingeklemmtes Stück Holz den Deckel der Garkammer einen Fingerbreit offenstehen. So kann innen nichts schimmeln.

Im schlecht gelüfteten Smoker kommt es unten im Garraum zu Schimmelbildung ...

... genauso wie am Rost.

Das lässt sich leicht verhindern, indem Sie ein Stück Holz unter den Deckel klemmen.

293 Smoker ausrichten

Beim Smoken ist es wichtig, das Gerät so auszurichten, dass es ein Gefälle in Richtung des Fetteimers hat. Andernfalls würde das Fett in Richtung Feuerbox fließen und dort entzündet werden. In der Folge würde die komplette untere Fläche der Garkammer brennen. Wenn es dennoch passiert, hilft nur, die Garkammer ausbrennen zu lassen und den Smoker auf der Seite der Feuerbox etwas aufzubocken.

294 Fettbrand im Smoker

Zunächst öffnen Sie alle Klappen am Smoker. Um das Feuer in der Garkammer zu löschen, können Sie mit dem halbrunden Kratzer versuchen, die brennende Masse aus der Garkammer in die Feuerbox zu ziehen. Dort verbrennt sie. Ziehen Sie aber das Feuer nach hinten, sodass die Gase nicht in die Garkammer gelangen. Auf keinen Fall sollten Sie versuchen, den Brand mit Wasser zu löschen, das kann schwerste Verbrennungen zur Folge haben.

295 Eimer in den Garraum

Im Eimer unter dem Smoker sammeln sich Fett und Rückstände des Feuers, sodass Waschbären oder andere vierbeinige Nachbarn gerne diesen Eimer stehlen und zerbeißen oder verschleppen. Stellen Sie den Eimer einfach in den Garraum, wenn Sie mit dem Smoken fertig sind.

296 Eimer reinigen

Wenn Sie den Eimer unter dem Smoker zu ⅓ mit Sand aus der Sandkiste oder Asche aus der Feuerbox füllen, lässt er sich viel leichter ausleeren und reinigen.

297 Smoker transportieren I

Bedenken Sie beim Transport eines schweren Smokers auf einem leichten einachsigen Anhänger, dass dieser dann einen sehr hohen Schwerpunkt hat und leicht umkippen kann. Fahren Sie entsprechend vorsichtig.

Hier erkennt man den ungünstigen Schwerpunkt bei dem leichten Anhänger.

298 Smoker transportieren II

Ein Pferdeanhänger eignet sich gut zum Transport eines Smokers. Die schräge, niedrige Rampe erleichtert das Hineinschieben enorm. Manche Pferdeanhänger sind so konstruiert, dass der Smoker vorne an der Querstange anliegt und die Klappe ihn quasi einklemmt. So kann er nicht nach vorne oder hinten verrutschen und steht sicher in einer der Boxen. In die andere kommen das Zubehör und ein stabiler Arbeitstisch.

300 Smoker transportieren IV

Um den Smoker über längere Strecken zu bewegen, gibt es viele Möglichkeiten. Man kann beispielsweise an die Rückseite eine Aufnahme für die Dreipunkt-Hydraulik des Treckers anschweißen. Bei uns wird er gerne mit zwei Trageschlaufen und dem Frontlader des Treckers durchs Dorf gefahren. Dabei müssen Sie aber die äußeren Anbauten entfernen, da diese sonst leicht verbiegen.

299 Smoker transportieren III

Für kurze Strecken hat es sich bewährt – wenn man einen Hubwagen besitzt – den Smoker auf der Palette zu belassen und ihn mit dem Hubwagen zu bewegen.

301 Backstein schützt vor Flammen

Beim direkten Grillen nahe an der Feuerkammer des Smokers schlagen die Flammen oftmals unter dem Grillgut hindurch. Um das zu verhindern, stellen Sie einfach einen Backstein vor den Übergang von der Feuerbox zur Garkammer, das vermindert die Flammen deutlich.

302 Einen billigen Smoker pimpen

Die billigen Smoker aus Trompetenblech aus dem Baumarkt können Sie einfach aufmotzen. Das Problem ist die schwierige Hitzeführung durch die geringe Masse. Dem können sie abhelfen, indem Sie einige Backsteine unten in den Garraum legen. Auch eingeschaufelter Sand hilft. Diese Maßnahme bringt Gewicht und damit Masse, die Hitzespitzen abmildert. Übertreiben Sie es aber nicht mit den Backsteinen, denn die Konstruktion dieser China-Büchsen ist nicht auf das zusätzliche Gewicht ausgelegt und die Plastikräder gehen schnell in die Knie.

Eine alternative Nutzung des Billig-Smokers: mit Küchenkräutern bepflanzen.

303 Backofenthermometer nicht in den Smoker

Im Smoker oder in einem Kugelgrill, der mit Smoke-Chips beschickt wird, hat ein Analog-Thermometer mit Glasscheibe nichts zu suchen, denn nach einigen Betriebsstunden können Sie nichts mehr lesen, weil die Scheibe versottet.

304 Kartoffel für Temperaturfühler

Damit der Temperaturfühler eines Funkthermometers, das die Garraumtemperatur messen soll, nicht auf dem Eisen aufliegt, stechen Sie es komplett eine Kartoffel, die dann den Abstand zum Eisen herstellt. Das Thermometer misst nur an der Spitze.

305 Vorsicht mit dem Smokerdeckel

Ein Funkthermometer gehört beim Smoken inzwischen zur Standardausrüstung. Sie müssen aber mit dem Kabel vorsichtig sein. Sollten Sie die Klappe des Garraums zu heftig zufallen lassen, wird das Kabel zerstört.

306 Selbstgemachte Räucherhaken

Damit die Fische beim Räuchern nicht abstürzen, sind selbstgemachte Räucherhaken aus Draht die Lösung. Sie werden bei Forellen oder Makrelen durch das Maul eingeführt und im oberen Drittel hinter die Wirbelsäule gedreht. Ab einem Gewicht von 700–800 Gramm je Fisch funktioniert das aber nicht mehr, denn wenn die Fische gar sind, fallen Sie aufgrund des Eigengewichts und des nun weichen Gewebes vom Haken. Sie müssen dann auf Haken mit zwei oder drei Widerhaken zurückgreifen oder die Fische im Liegen smoken, um Abstürze zu vermeiden.

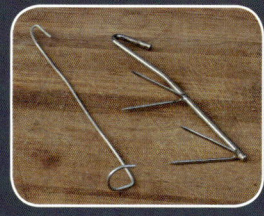

Der selbstgemachte Haken links hält etwa bis 600 Gramm, darüber hinaus sind die Haken mit vier Spießen sicherer.

307 Bierdosenhähnchen smoken

Bierdosenhähnchen – Beer Butt Chicken – sind beim Smoken und Grillen sehr beliebt. Um im Smoker etwas mehr Platz nach oben zu bekommen, nehmen Sie die Roste aus dem Garraum und stellen ein Backblech oder eine Bratreine unten hinein. So steht das Hähnchen tiefer und Sie nutzen den Platz nach oben besser aus.

308 Bierdosen-hähnchen hinter Stein

Die bekannten Beer Butt Chicken garen in einem kleinen Smoker gleichmäßiger, wenn Sie zwischen Huhn und Feuerbox einen großen Stein stellen. Dieser verteilt die Hitze besser und das Huhn bekommt keinen einseitigen „Sonnenbrand".

309 Nicht wackeln!

Beim Bierdosenhähnchen können Sie selbstverständlich eine Bierdose nehmen, auch ein Marmeladenglas ist geeignet. Diese Konstruktionen sind aber äußerst wackelig und durch das heiße Bier auch noch gefährlich. Viel einfacher ist es, wenn Sie das Hähnchen auf einen stabilen Hühnersitz aus Edelstahl setzen. Dann ist das Abnehmen des Geflügels von seinem Thron auch deutlich einfacher.

Ein möglicher Hühnersitz, der für sicheren Stand sorgt.

310 Puter aufhängen

Einen größeren Puter gart man im Smoker am besten aufgehängt im Turm. Allerdings müssen Sie den Smoker ziemlich anheizen, damit im Turm noch 120–140 °C erreicht werden. Die Garkammer ist dann mit weit über 300 °C nicht zum Smoken geeignet. Um die große Hitze etwas abzumildern, stellen Sie eine Aluschale mit Wasser unter den Puter.

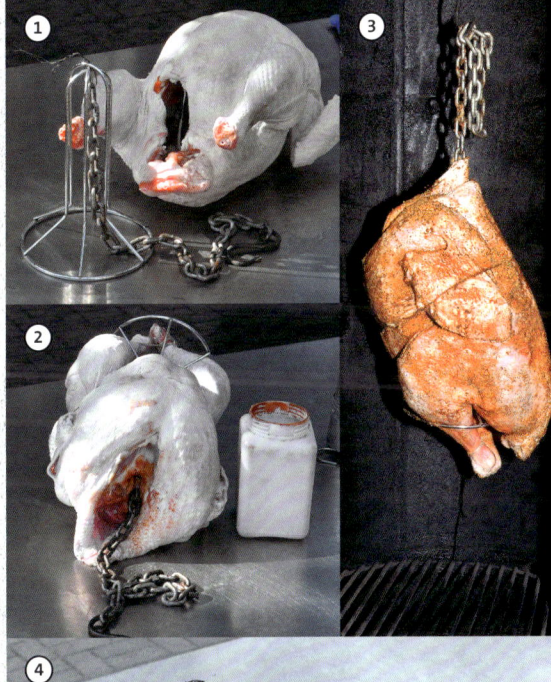

①

②

③

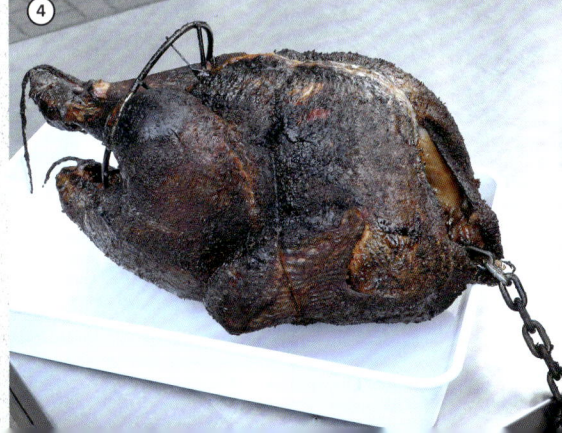

④

311 Zu hohe Temperatur im Smoker

Bei kleinen Smokern ohne Räucherturm ist die Temperatur an der Feuerbox sehr hoch und am Ende der Garkammer niedrig. Um dies etwas gleichmäßiger zu gestalten, nehmen Sie eine passende Blechdose, entfernen neben dem Deckel auch den Boden und verlängern damit den Schornstein auf Höhe der Grillroste. So wird der heiße Rauch unter dem Grillgut hindurchgeleitet und nicht so sehr über die gesamte Fläche. Sie müssen dann allerdings das Fleisch häufiger wenden. Solche Smoker sollten Sie – wenn möglich – auf Reverse Flow umbauen.

312 Umbau auf Reverse Flow

Kleinere Smoker laufen wesentlich besser und gleichmäßiger, wenn sie auf Reverse Flow umgebaut werden. Dazu müssen Sie in der Garkammer eine Rauchführung einlegen, was mit einer Blechplatte möglich ist. Achten Sie auf einen sauberen Anschluss an die Feuerbox. Dann wird der Schornstein an die Seite der Feuerbox verlegt. Das erfordert zwar einige Kenntnisse beim Schweißen, lohnt sich aber. Leider geht dann bei einigen Modellen die Feuerbox-Klappe nicht mehr ganz auf.

313 Zusätzliches Smoker-Thermometer

Um in den Smoker ein zusätzliches Thermometer einzubauen, brauchen Sie einen Lochbohrer, der aussieht wie ein Topf mit Zähnen auf dem Rand. Die benötigten 15 mm Durchmesser sind nur schlecht mit einem Spiralbohrer zu schneiden. Vergessen Sie nicht die geringe Drehzahl und etwas Schmiermittel. Das zusätzliche Thermometer sollte etwa zwei Handbreit von der Garkammer entfernt auf Höhe der Roste im Garraum angebracht werden.

314 Thermometer bei voll beladenem Smoker

Vertrauen Sie dem Thermometer im Garraum nicht, wenn der Smoker voll beladen ist. Die meiste Hitze zieht unter dem Fleisch durch und über dem Fleisch sammelt sich nur wenig Hitze, somit zeigt das Thermometer auch nicht die richtige Temperatur an, sondern deutlich weniger, als unter dem Fleisch herrscht.

315 Smoker einbrennen

Wenn Sie einen Smoker einbrennen wollen, müssen Sie wissen, dass die Farbe zwar Hitze aushält, aber erst einmal langsam angewärmt und eingebrannt werden muss, das gilt besonders für die Feuerbox. Wer zuerst ein Höllenfeuer entfacht, braucht sich nicht zu wundern, wenn die Farbe Blasen schlägt und abfällt.

316 Feuer im Smoker steuern

Um erfolgreich mit dem Smoker arbeiten zu können, müssen Sie lernen, das Feuer zu steuern. Die Klappen und Deckel sind dabei weniger wichtig als das Holz und die Art und Weise, wie das Feuer geschürt wird. Ein Feuer brennt zunächst „schmutzig", wenn das Holz anbrennt und besonders die Rinde qualmt. Nach einer gewissen Zeit sind alle flüchtigen Bestandteile des Holzes verdampft und das Holz brennt „sauber" und fast ohne Rauch. Lassen Sie deshalb auch den Deckel der Feuerbox immer offen, so können die bitteren Substanzen nach oben entweichen und nur die Hitze zieht durch die Garkammer und den Schornstein.
Das Feuer-Management ist der Schlüssel zu einem guten BBQ. Ein „schmutziges" Feuer kommt durch zu wenig Hitze, zu feuchtes Holz oder zu wenig Sauerstoff zustande.

317 Feuer müssen brennen

Für meinen Smoker habe ich gerne ein richtig gut brennendes Feuer, aber da das zu viel Hitze produziert, lasse ich den Deckel der Feuerbox offen. So kommt genug Hitze in den Smoker und das Feuer brennt raucharm, da es genug Sauerstoff bekommt. Andere schwören darauf, das Feuer in der Feuerbox einzuschließen und mit der Sauerstoffzufuhr die Temperatur zu regeln. Das führt aber durch den Sauerstoffmangel oftmals zu einem schlecht brennenden Feuer mit viel Qualm. Diese unverbrannten Rauchbestandteile schlagen sich auf dem Feuer nieder und sorgen für einen unangenehmen Brand-Geschmack.

So brennt das Feuer richtig und die Flammen werden durch den Kamineffekt in die Garkammer gezogen, obwohl die Klappe der Feuerbox geöffnet ist.

318 Smoker richtig heizen

Am besten läuft ein Smoker mit drei Scheiten armdicken Holzes. Der Trick dabei ist, diese Scheite immer so zu schichten, dass ein Scheit quer liegt und die beiden anderen darüber, sodass zwischen den beiden oberen Scheiten ein Fingerbreit Abstand liegt. So brennen sie am besten. Achten Sie darauf, dass die Scheite nicht alle gleichzeitig ausbrennen, sondern immer wieder nachgelegt wird.

Zwei Hölzer sind halb verbrannt, jetzt kommt ein einzelnes quer darüber.

Die beiden parallel liegenden Hölzer sind verbrannt, das einzelne, quer liegende ist halb verbrannt.

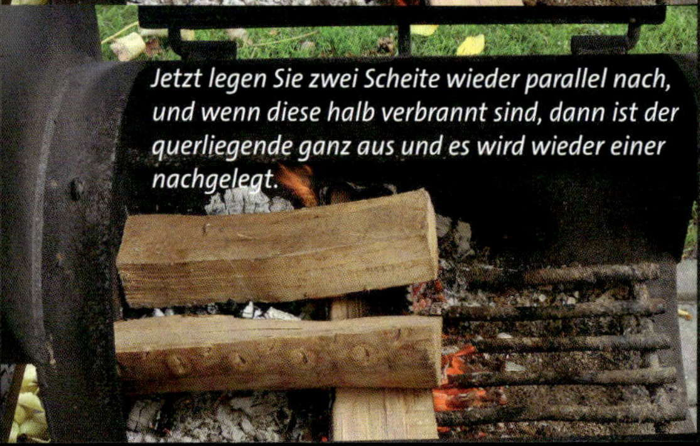

Jetzt legen Sie zwei Scheite wieder parallel nach, und wenn diese halb verbrannt sind, dann ist der querliegende ganz aus und es wird wieder einer nachgelegt.

319 Feuer qualmt nicht

Wenn der Smoker fürchterlich qualmt, dann brennt das Holz nicht richtig, sondern schwelt nur. Ein Holzscheit alleine brennt ohnehin nicht oder nur schlecht, es muss sich mit einem anderen gegenseitig erhitzen. Stapeln Sie das Holz immer mit einem Fingerbreit Abstand, dann heizt es sich gegenseitig und es kommt auch noch genug Sauerstoff dran.

So ist es richtig: ganz wenig bläulicher Rauch

320 Garraum geschlossen halten

Die Amerikaner sagen:

„If you are looking, you are not cooking"

Jedes Mal, wenn Sie zum Nachschauen die Garkammer öffnen, verlieren Sie Hitze und die Garzeit verlängert sich.

Falsch: eine große Menge weißer Qualm, der auch noch durch die Türen dringt; hier brennt das Feuer nicht richtig, Sie sollten schnellstens eingreifen.

321 Smoker richtig beladen

Das Fleisch immer möglichst weit vom Feuer entfernt platzieren, also den Smoker von hinten beladen. Dort ist die Hitze gleichmäßiger.

322

Feuchte Luft im Smoker

Bei kleinen Smokern ist meist auch nur wenig Fleisch eingelegt, so dass die Umgebungsluft sehr trocken ist und das Fleisch demzufolge schneller austrocknet. Das können Sie verhindern, indem Sie einen Schüssel mit Wasser in die Garkammer stellen.

323

Asche im Smoker ist gut!

Sobald die Asche den Raum unter dem Rost ausgefüllt hat, sorgt sie für ein deutlich kälteres Feuer, als wenn das Feuer auf dem Rost so brennt, dass es zusätzlich von unten Luft bekommt. Die Kohlen fallen dann auch von dem Holz nach unten und bilden ein zweites Feuer, das Glutbett. So verbrennt das Holz schneller und es bildet sich mehr Glut. Bei gleichem Holzeinsatz ist das Feuer heißer und schlechter zu steuern als bei einem Feuer, das wie in einem Grundofen auf der „Erde" brennt. Wenn Sie nicht genug Asche in der Feuerkammer angesammelt haben, dann helfen zwei Schaufeln Spielsand oder Sie entfernen den Rost komplett.

324 Smoker tunen: Allgemeines

Gerade die kleinen, leichteren Smoker lassen sich mit wenig Aufwand deutlich verbessern. Dabei wird aus den billigen Baumarkt-Smokern aus Trompetenblech mit Sofarollen aus Plastik zwar noch kein Smoker für die Deutsche Meisterschaft, aber für den Anfang, zum Üben und um festzustellen, ob man am „Low & Slow" und dem Rauchgeschmack überhaupt Gefallen findet, reicht er völlig aus.

. . . .

325 Smoker tunen: Feuerbox abschirmen

An der Seite der Feuerbox strahlt jede Menge Hitze in die Garkammer ab. Hier sollten Sie eine lange, schmale und hohe Schüssel platzieren. Eine alte Einweg-Alu-Leberkäseform ist ideal. Diese wird mit Wasser gefüllt und schirmt so die direkte Hitze ab und zusätzlich sorgt das Wasser für ein feuchteres Klima, sodass das Fleisch nicht so leicht austrocknet.

326 Smoker tunen: Convection Plate/ Tuning Plate

Um die Hitzeverteilung in einem Smoker auszugleichen, können Sie eine Convection Plate einsetzen. An der Feuerbox haben die Löcher einen halben Zoll im Durchmesser, zum Ende hin werden sie bis zu eineinhalb Zoll groß. Gerade wenn Sie mit einem sehr vollgepackten Smoker und daher mit etwas höherer Temperatur und kräftigerem Feuer arbeiten, ist eine solche Platte eine große Hilfe.

327 Convection Plate improvisieren

Um einen Smoker mit voller Beladung besser steuern zu können, hat sich eine Convection Plate bewährt. In dieser Platte befinden sich nah an der Feuerbox kleine Löcher. Je weiter man vom Feuer weg kommt, desto größer werden die Löcher und lassen dann mehr Hitze durch. Improvisieren können Sie das, indem Sie Blechstreifen in das untere Drittel der Garkammer legen und die Abstände zwischen diesen immer weiter wählen. Das ist einfacher als Löcher zu bohren.

328 Smoker tunen mit Alufolie

Legen Sie den unteren Teil der Garkammer mit Alufolie aus, dann ist das Reinigen besonders einfach, gerade wenn Sie in diesem Bereich zusätzlich Steine platziert haben.

329 Smoker tunen: Backsteine

Legen Sie den unteren Teil der Garkammer mit Backsteinen aus, dann erhöhen Sie das Gewicht und der Hitzeverlauf wird gleichmäßiger.

330

Smoker tunen: Zweite Lage

Um im Smoker mehr Platz zu bekommen, biegen Sie aus Streckblech einen „Tisch" für die Garkammer, sodass Sie eine weitere Lage Rippchen unterbringen können.

331

Smoker tunen: Minion-Methode

Damit der Smoker bei relativ geringer Temperatur lange Zeit unbeaufsichtigt arbeiten kann, hat sich die Minion-Methode bewährt. Dazu wird in der Feuerbox ein Korb aus Streckblech eingesetzt, dieser mit Holzkohle gefüllt und oben drauf kommen zum Anzünden zehn durchgeglühte Briketts. So frisst sich das Feuer nach und nach von oben nach unten durch die Holzkohle und der Smoker läuft zehn Stunden ohne Aufsicht. Ideal für einen Long-Job wie Pulled Pork oder Brisket.

332

Smoker probefahren

Um die Minion-Methode zu testen, können Sie den Smoker auch ganz ohne Beladung probefahren. Legen Sie einfach ein hochwertiges Thermometer mit Aufzeichnungsfunktion in die Garkammer. So können Sie feststellen, wie lange und bei welcher Temperatur Sie gearbeitet haben. Sie können natürlich auch ein einfaches Stück Fleisch, bei dem es nicht so drauf ankommt, mit hineinlegen. Am besten machen Sie diesen Probelauf unter der Woche, während Sie Ihrer Arbeit nachgehen. Einfach den Smoker anwerfen und laufen lassen, und wenn er ausgeht, dann geht er eben aus. Dafür wissen Sie aber, welchen Temperaturverlauf Sie zu erwarten haben. Denken Sie daran, dass im echten Durchgang durch die Fleischbeladung 10–20 °C verbraucht werden.

333

Mindestgröße eines Smokers

Um einen Smoker vernünftig nutzen zu können, ist eine gewisse Mindestgröße der Feuerbox notwendig. Es sollten zwei armdicke Scheite von 33 cm Länge, zur Not auch nur 25 cm (Ofenholz) längs in der Box liegen können. Darauf muss ein drittes Scheit Platz finden, damit das Ganze auch richtig brennt. Und dann müssen Sie das Feuer auch noch zwei Handbreit von der Garkammer wegziehen können, um damit die Temperatur herunterzuregeln. Wenn die Feuerbox kleiner ist, muss ständig nachgelegt werden, wobei jedes Mal Rauch vom Anbrennen sowie Hitzespitzen produziert werden. Aus diesen Eckdaten ergibt sich eine Länge der Feuerbox von mindestens 40 cm, dementsprechend misst die Garkammer auch nicht weniger als 80 cm.

334 Fleisch aus dem Smoker nehmen

Das Fleisch, das im Smoker ganz hinten unter dem Turm liegt, lässt sich nur schlecht entnehmen. Dabei ist es ganz einfach: Nehmen Sie einen der Grillroste heraus und ziehen Sie den letzten Rost mit dem Fleisch einfach nach vorne.

335 Asche raus!

Asche vom Feuer im Grill oder Smoker zieht im Laufe der Zeit Feuchtigkeit an und bildet aggressive Laugen, die das Rosten beschleunigen. Sie sollten daher den Smoker und die Feuerbox immer vor der Winterpause reinigen und die Asche entfernen.

336 Ist der Smoker leer?

Überprüfen Sie vor dem Anfeuern, ob der Smoker auch wirklich leer ist, sonst sehen Sie z. B. das abgebildete Feuerwerk, wenn der vergessene Fetteimer brennt. Oder die Wespen flüchten.

Wespennest im Smoker, der längere Zeit nicht befeuert wurde.

337 An jeden Smoker gehört eine Triangel

In Amerika sind eigentlich alle passionierten Griller auch leidenschaftliche Jäger – und daher durch das Schießen taub geworden. Die einzige Frequenz, die noch durchdringt, ist die einer hellen Triangel. So hat sie sich als Essensgong durchgesetzt und ist an vielen Smokern zu finden.

338 Üben, üben, üben

Bevor Sie verschiedene Holzsorten im Smoker ausprobieren, versuchen Sie einfach einmal – das geht auch ohne Beladung – den Smoker einige Stunden bei 120 °C zu halten und dabei nur so viel Qualm wie bei einer Zigarre zu produzieren. Das ist der Schlüssel zum Erfolg!

339 Vollbeladen? Kein Problem

Bei einem vollbeladenen Smoker müssen Sie mit mehr Hitze arbeiten, damit hinten auch noch genug davon ankommt. Um zu verhindern, dass die ersten beiden Braten an der Garkammer nicht verbrennen, legen Sie Alufolie auf den Grillrost. Sie müssen das Fleisch aber trotzdem durchrotieren.

GASGRILL

342 Wassertrick bei Gasflaschen

Um den Füllstand einer Gasflasche abzu-schätzen, gießen Sie ein Glas heißes Wasser über eine Seite der Flasche und fühlen danach mit der Hand die Temperatur der Flaschenwand. Im Bereich des flüssigen Propans ist die Wand weiterhin kalt.

· · · · · · · · · · · · · · · · · · ·

343 Gasflaschen vor dem Vereisen schützen

Bei leistungsstarken Brennern vereisen die Gasflaschen recht schnell und liefern dann nicht mehr den vollen Gasdurchsatz. Das können Sie verhindern, indem Sie die Flasche in eine Wanne mit warmem Wasser stellen. Es reicht ein kleines Fußbad.

340 Der Beschlag zeigt den Gasstand

Bei feuchter Umgebungsluft und inten-sivem Gasverbrauch beschlägt die Gas-flasche an der Außenseite, und zwar so hoch, wie der Stand des flüssigen Gases innen ist. Leider funktioniert das nicht bei schwachen Verbrauchern.

341 Wie viel Gas ist noch da?

Mit einer einfachen Waage können Sie die Gasflasche wiegen und das eingeschlagene Tara (Gewicht der Verpackung) abziehen. So wissen Sie genau, wie viel Gas noch in der Flasche vorhanden ist. Wenn Sie den Gasverbrauch pro Stunde ermittelt haben, können Sie auch die „Restlaufzeit" abschätzen.

344 Langes Feuerzeug

Es gibt verlängerte Feuerzeuge zu kaufen, die ideal sind, wenn beim Gasgrill der Piezo-Zünder nicht funktioniert. Meist haben Gasgrills eine spezielle Öffnung seitlich, durch die man das Gas entzünden kann, ohne sich zu verbrennen.

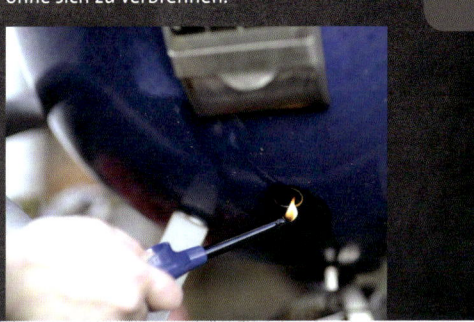

345 Gasgrill zünden mit dem eingebauten Piezo-Zünder

Oft muss man etliche Male mit dem Zünder arbeiten, bevor der „Funke überspringt". Zum einen sollten Sie einen Moment warten und das Gas strömen lassen, denn es muss ja zuerst die Luft aus dem Brenner herausdrücken. Sollte der Brenner dann immer noch nicht zünden, sollten Sie sich die Sache genau anschauen. Der häufigste Fehler ist die nicht ausreichende Isolierung der Stromleitung zum Brenner hin. Dadurch schlägt der Funke vor dem Brenner irgendwo in das Gehäuse. Hier hilft es meist, das Kabel etwas wegzubiegen.

346 Immer genug Gas

Nichts ist ärgerlicher, als eine Gasflasche, die sich während des Grillens leert. Halten Sie immer eine zweite Flasche bereit und ersetzen Sie die leere sofort.

347 Der Trick mit dem Magneten

Nach einer Grill-session ist die Gasflasche meist von außen beschlagen. Markieren Sie mit einem Kühlschrankmagneten den Stand des flüssigen Gases in der Flasche, dann können Sie von außen sehen, wie viel Gas noch in der Flasche vorhanden ist.

348

Katzenstreu für den Gasgrill

Füllen Sie die Fettauffangschüsseln im Gasgrill oder Smoker mit Katzenstreu. So lässt sich das Fett leicht entfernen, weil das Streu Fett und Sickersäfte auffängt und bindet.

349

Rote und graue Gasflaschen – der Unterschied

Haben Sie sich schon einmal gefragt, was der Unterschied zwischen grauen und roten Gasflaschen ist? Ganz einfach: die roten sind Pfandflaschen, die Sie dem entsprechenden Hersteller zurückgeben können. Sie können die roten Flaschen nur bei der Firma tauschen, bei der Sie diese auch erhalten haben. Ist die Marke oder Firma nicht mehr existent, bleiben Sie auf der Flasche sitzen (es soll Leute geben, die die Flasche grau überstreichen und dann tauschen).

Die grauen Flaschen „erwerben" Sie, besser gesagt das Nutzungsrecht daran. Sie können diese überall in Deutschland gegen volle Flaschen tauschen. Jetzt kommt der große Unterschied: Geben Sie die Flasche zurück, dann erhalten Sie kein Geld erstattet.

Wer viel in der Gegend herumreist, sollte sich eine graue Flasche zulegen, wer nur ausnahmsweise mehr Gas braucht, weil beispielsweise eine Feier ansteht und man eine Flasche in Reserve haben möchte, der leiht sich gegen Pfand eine rote Flasche und gibt diese zurück, wobei er dann das Geld zurück erhält.

350

Alternative für die Smokebox

Falten Sie Alufolie mehrmals und schlagen Sie die gewässerten Smoke-Chips fest ein. Stechen Sie dann mit der Gabel oben einige Löcher hinein und legen Sie das Paket auf den Grill. Nach wenigen Minuten beginnt der Rauch aus den Löchern aufzusteigen.

351 Transport des Grills

Sollten Sie einen Kugelgrill oder ähnliche Konstruktionen transportieren, dann machen Sie das auf keinen Fall auf einem kleinen, einachsigen Anhänger. Das habe ich ausprobiert und nach 50 km lagen sämtliche Muttern und ein Teil der Schrauben unten im Anhänger und der Grill hielt gerade noch so zusammen. Im zweiachsigen, schweren Pferdeanhänger passiert so etwas nicht. Ansonsten muss der Grill eben im Auto untergebracht werden.

DUTCH OVEN
UND ANDERE TÖPFE

352

Kein Deckelheber?

Versuchen Sie es mit einem Latthammer, der lange, spitze Dorn lässt sich unter dem Henkel verkeilen.

353 Dutch Oven improvisieren

Damit man einen normalen Gusseisentopf zum Backen verwenden kann, stellt man den Topf auf drei Steine und legt die Kohlen darunter. Auf dem Deckel platzieren Sie einen Ring aus Alufolie oder eine alte Kette, um zu verhindern, dass die Kohlen herunterfallen.

354 Kein Rost im Dutch Oven

Damit Ihr Dutch Oven nicht rostet, legen Sie ein trockenes Stück Küchenpapier in den Topf und schließen den Deckel.

355 Pizzablech im Dutch Oven

Wer delikate Backwerke im Dutch Oven zaubert und Angst hat, diese nicht aus dem Topf zu bekommen, der nutzt ein Pizzablech. Damit dieses nicht direkt auf dem Boden aufliegt und zu viel Unterhitze bekommt, legt man drei Muttern in den Topf. Herausgehoben wird das Blech mit einer Wasserpumpenzange.

356 Einfache Dutch-Oven-Feuerstelle

Eine einfache Dutch-Oven-Feuerstelle können Sie mit zwei Backsteinen und einem Backblech improvisieren. Legen Sie die beiden Backsteine auf die Erde und das Backblech darüber, schon haben Sie eine Feuerstelle, die den Rasen schont.

357 Schnelle Dutch-Oven-Feuerstelle

Drehen Sie einfach ein 50-Liter-Fass um, auf dem Boden des Fasses können Sie prima mit dem Dutch Oven kochen.

358 Mobile Dutch-Oven-Feuerstelle

Um eine mobile Dutch-Oven-Feuerstelle zu bauen, kaufen Sie eine Pizzaform in passender Größe, bohren drei Löcher hinein und schrauben lange Schrauben als Beine an. Darauf steht allerdings nur ein kleinerer Dutch Oven stabil genug.

359 Hochgelegte Feuerstelle

Um auf dem Feuer zu kochen ist es praktischer, die Feuerstelle hochzulegen. Als Anhaltspunkt für die richtige Arbeitshöhe ist der eigene Bauchnabel geeignet. Eine aus Steinen aufgeschichtete Wand richtet das Feuer in eine Richtung aus. Durch den festen Untergrund sinkt der Dutch Oven nicht ein.

360 Permanente Dutch-Oven-Feuerstelle

Wenn Sie eine dauerhafte Feuerstelle für Ihren Dutch Oven haben möchten, schichten Sie drei Pflanzringe „LusoFlor" (48 x 38 x 30 cm) übereinander. Darauf kommt eine umgedrehte Waschbetonplatte (50 x 50 x 4 cm) und als Abschluss noch ein Pflanzstein, aus dem Sie vorne mit einer Flex das konkave Teil ausscheiden. Ein Pflanzstein kostet etwa 3 Euro, die Waschbetonplatte knapp 4 Euro, die gesamte Feuerstelle schlägt also mit circa 15 Euro zu Buche. Der Dutch Oven ist vor Zugluft geschützt und bei Regen decken Sie einfach ein altes Backblech auf die Konstruktion.

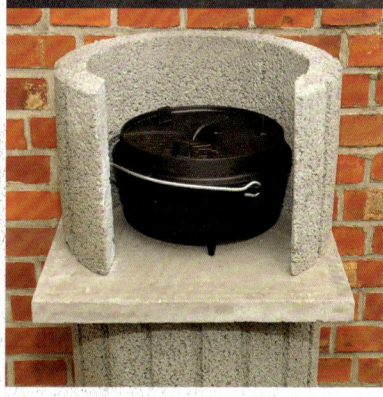

361 Speisen präsentieren im Dutch Oven

Der Dutch Oven bietet zwei Möglichkeiten, Speisen zu präsentieren. Bei beiden müssen Sie zunächst zwei Balken auf den Tisch legen, damit dieser keinen Schaden nimmt.

Zum Präsentieren auf dem Deckel legen Sie diesen mit der Innenseite nach oben direkt auf die Unterseite des Topfes. Um den gesamten Topfinhalt zu präsentieren, legen Sie den Deckel mit einigen Kohlen – er wirkt dann wie ein Stövchen – auf das Holz und stellen den Topf mit den Beinen auf den Deckel.

362 Kohle nachlegen

Beim Dutch Oven können Sie – wenn die Kohlen nur noch etwa halb so groß sind wie am Anfang – einfach eine weitere Ladung Briketts nachlegen. Diese legen Sie mit der Zange genau auf ein oder zwei schon brennende Brekkies, und sie werden sich daran entzünden.

363 Der Dutch Oven als Beifahrer

Um den leeren Dutch Oven sicher im Auto zu transportieren, legen Sie ihn auf die Öffnung, also mit den Beinen nach oben und platzieren Sie den Deckel umgekehrt auf den Beinen, dann rutscht er fast nicht.

364 Stabilisierung der Transporttasche

Wenn Sie einen Dutch Oven in einer schwachen Tasche transportieren möchten, fertigen Sie entweder aus dickem Sperrholz einen Boden, damit die Beine nicht durchstechen, oder Sie legen zuerst den Deckel in die Tasche und stellen dann den Dutch Oven mit den Füßen auf den Deckel.

365 Billige Backbleche

Gerade für das Kochen mit Dutch Oven braucht man immer Backbleche, sei es als Untergrund oder als Dach für die Feuerstelle. Diese Backbleche findet man billig beim Sperrmüll, man muss nur die dort abgestellten Herde öffnen, fast immer sind noch die Bleche drin. Auch wenn man darauf keine Lebensmittel mehr zubereiten möchte, für einen Erdofen oder als Kohlenblech reichen sie allemal.

366 Backpapier für den Dutch Oven

Um den Boden des Dutch Ovens mit Backpapier auszulegen, sollten Sie den Deckel auf dem Papier aufzeichnen und je nach Größe des Topfes mit ein bis zwei Zentimetern Abstand an dem Kreis entlangschneiden.

367 Dutch Oven einfetten

Einige Marken von Dutch Oven sind deutlich rauer als andere. Beim Einfetten mit einem Küchentuch bleiben sehr viele Fussel hängen. Nehmen Sie dann kein Küchenpapier, sondern entweder einen Pinsel oder Butterbrotpapier, das nimmt kein Öl auf, verteilt es aber gut.

368 Wohin mit der Schwarte beim Schichtfleisch?

Bei einigen Specksorten ist die Schwarte noch dran. Wenn Sie ein solches Stück kaufen und selbst aufschneiden, dann schneiden Sie vorher die Schwarte im Ganzen ab und legen diese unten in den Dutch Oven. So gibt sie den Rauchgeschmack ab, wird aber nicht mitgegessen.

369 Dutch Oven angebrannt?

Nehmen Sie das Essen aus dem Dutch Oven heraus und stellen Sie es zur Seite, dann reinigen Sie den Topf von den schwarzen Krusten und geben das Essen zurück in den Topf. Meist ist damit der Fall erledigt. Auf keinen Fall sollten Sie versuchen, den angebrannten Teil unten auf dem Boden los zu kratzen und womöglich im Essen unterzurühren, das schmeckt man auf jeden Fall.

370 Angebrannte Zimtschnecken?

Es kann vorkommen, dass die Zimtschnecken im Dutch Oven oben anbrennen. Das lässt sich leicht kaschieren, indem Sie das Gebäck mit Puderzucker bestäuben. Sollten die Zimtschnecken unten angebrannt sein, dann ist der Zuckeranteil der zu feuchten Füllung nach unten gelaufen und der Zucker ist karamellisiert. In diesem Falle verteilen Sie die Zimtschnecken mit einem Löffel an Ihre Gäste und geben zu den warmen Zimtschnecken Vanillesauce, die Sie in weiser Voraussicht schon bereitgehalten haben.

371 Glasur für Zimtschnecken

Damit Zimtschnecken appetitlich glänzen, pinseln Sie diese mit Aprikosenkonfitüre ein. Sollte diese zu fest sein, dann erwärmen Sie sie etwas.

372 Reste aufheben

Beim Grillen oder Kochen mit dem Dutch Oven fallen oftmals Reste an. Damit man sie aufheben kann, müssen sie zunächst in einer Schüssel – abgedeckt mit einem Handtuch – auskühlen. Wenn sich darüber ein Deckel befindet, dann bildet sich dort Kondenswasser, in dem sich Bakterien vermehren, die giftige Stoffwechselprodukte ausscheiden und die dann mit dem Wasser ins Essen tropfen. Sobald das Essen kalt ist, können Sie den Deckel aufsetzen und die Speisen in den Kühlschrank stellen.

373 Griff für Potjie

Um den Deckel des Potjies ohne Handschuhe anfassen zu können, ist ein Holzgriff praktisch. Schlitzen Sie ein passendes Stück und schieben Sie es über den Griff, und mit einem unten durchgeschlagenen Nagel sitzt es bombenfest. Beim Dutch Oven funktioniert das nicht, denn der Holzgriff würde wegen der Kohlen auf dem Deckel abbrennen.

374

Kupferkessel oder Emaille

Ein Kupferkessel hat gegenüber einem emaillierten Kessel einen entscheidenden Vorteil: Eine Beule brauchen Sie nur mit einem Hammerstiel wieder herauszudrücken. Bei dem anderen Modell springt die Emaille ab.

375

Warum gibt es kaum große Gusseisentöpfe?

Gusseisen ist wegen seiner spröden Struktur eigentlich denkbar ungeeignet für große, dünnwandige Kessel. Je größer der Topf wird, desto dicker wird die Wandstärke. Ein 50-Liter-Kessel aus Gusseisen wiegt leer rund 50 kg, einer mit dem gleichen Inhalt aus Kupfer nur etwa 5 kg.

376

Kupferkessel mit Deckel?

Die Töpfe wurden früher ohne Deckel geliefert und wer einen haben wollte, hat ihn aus Holz selbst hergestellt. Daher haben sich die Deckel kaum erhalten. Sie wanderten ins Feuer, wenn sie defekt waren.

HOLZBACKOFEN

377 Großer Gusseisenbräter

Gusseisenbräter in einer Größe von 53 x 32,5 x 12,5 cm erhalten Sie für unter 70 Euro als Gastronorm-Bräter (GN 1/1) mit passendem Edelstahldeckel.

. . . .

378 Lieber zwei kleine Bräter

Wer große Fleischmengen in einem Holzbackofen gart, der benutzt meist eine riesige Fleischpfanne für Spanferkel. Wesentlich handlicher ist es, kleinere Braten in mehreren kleineren Brätern zuzubereiten.

379 Unterhitze beim Holzbackofen abmildern

Im Holzbackofen ist der Boden meist viel zu heiß. Um große Mengen Fleisch zu garen, brauchen Sie aber die gespeicherte Energie. Beim Brotbacken würden Sie den Boden feucht auswischen und dadurch herunterkühlen, um ein Anbrennen der Unterseite des Brotes zu verhindern. Wenn Sie stattdessen zwei Winkeleisen parallel in den Ofen legen, können Sie den Bräter darauf leicht in den Ofen schieben und das Fleisch durch den Abstand zum Boden vor dem Anbrennen bewahren.

380 Große Fleischwanne für den Holzbackofen

Bei Fleischwannen für Spanferkel sind die Griffe meist an den beiden kurzen Seiten angeschweißt. Zwei zusätzliche Griffe an den Längsseiten erleichtern die Handhabung enorm, da die Personen, die die heiße Wanne aus dem Ofen heben müssen, parallel vor dem Ofen stehen.

381 Neue Steine für den Holzbackofen

Nach etlichen Jahren der intensiven Benutzung werden die Steine auf der Unterseite des Holzbackofens Beschädigungen zeigen. Lassen Sie sich einfach dünne Schamottesteine vom Ofenbauer zuschneiden und legen Sie den Ofen damit komplett aus. Die Steine müssen nur mit dünnem Sand eingefegt werden und brauchen keinen Mörtel. Schon haben Sie für wenig Geld den Ofen wieder aufgewertet.

382

Fugen in der Mitte vermeiden

Beim Pizzabacken sollten Sie nicht zwei Steine nebeneinanderlegen, denn dann befindet sich die Fuge in der Mitte. Platzieren Sie stattdessen einen großen Stein in der Mitte und jeweils einen halben auf der rechten und linke Seite.

DREIBEIN UND FEUERSTELLE

Herd für Lagerfeuer

Wenn Sie regelmäßig in Ihrem Garten draußen am Lagerfeuer kochen, lohnt es sich, einen „Herd" aus Steinen locker aufzuschichten. Schamottesteine sind dafür nicht notwendig. Achten Sie aber unbedingt auf Stabilität! Die ideale Höhe der Arbeitsfläche ist die Höhe des eigenen Bauchnabels.

384 Lagerfeuer praktisch

Feuerstellen werden häufig intuitiv eingegraben. Dabei ist es ergonomisch sinnvoll, diese mindestens kniehoch aufzumauern, da man sich dann nicht so tief bücken muss.

Mauern Sie einfach einen Brunnenring, der außen mit Bruchsteinen umfasst wird. Lassen Sie rechts und links zwei Wasserleitungsrohre ein, um dort das Gestell hineinzustecken. In die Mitte geben Sie alte Steine und füllen mit Spielsand auf.

385

Nicht die Größe ist entscheidend ...

Ein riesiger Grill oder eine große Feuerstelle mögen beeindruckend aussehen, sind aber unpraktisch. Ein Grill sollte nur so groß sein, dass Sie die Mitte bequem mit der Hand erreichen können. Dies trifft auch auf die Feuerstelle zu.

386 Stange statt Ketten

Rüsten Sie einen Schwenkgrill statt der üblichen drei Ketten mit einer zentralen Stange aus. So werden Sie beim Drehen der Schwenker nicht behindert.

387 Dreibein aus Wasserleitungs- rohre

½-Zoll-Wasserleitungrohre eignen sich hervorragend für ein improvisiertes Dreibein. Um die Rohre oben aneinander zu befesti- gen, verbinden Sie drei Augenschrauben mit einem Schäkel oder zwei Augenschrauben mit einem Schaukelhaken. Sobald der Kessel mit seinem Gewicht an der Konstruktion hängt, erhält diese ihre volle Standfestigkeit. Wer handwerklich begabt ist, kann die Rohre auch teilen, mit Gewinden versehen, mit einer Doppel-Schraubmuffe wieder verbinden und so zerlegbar gestalten.

388 Dreibein aus Eisenstangen

Aus Eisenstangen mit 2 m Länge und 14 mm Durchmesser können Sie ein perfektes Dreibein bauen. Zwei Stangen werden an den Enden mit einer Öse versehen, die dritte Stange der Abbildung entsprechend mit einer offenen Öse. So können Sie die Stan- gen zu einem Dreibein zusammenstellen.

389 Querstange über dem Feuer

Noch besser ist es, zwei Eisenstangen rechts und links neben dem Feuer in die Erde zu schlagen und die dritte Stange quer darüber abzulegen. Dann sind die Stangen nicht im Weg und Sie können zusätzlich Ihre Kochutensilien an der Querstange aufhängen. Am besten schlagen Sie eine Stange mit Öse und eine mit offener Öse in den Boden ein, dann können Sie die Querstange leichter herausheben.

Diese Konstruktion ist stabil genug für einen 20-Liter-Kessel, sofern die beiden Streben auch gut in der Erde verankert sind. Sollte der Kessel zu heiß werden, schieben Sie ihn auf der oberen Querstange einfach zur Seite weg vom Feuer.

391 Günstiger Pfannenknecht

Einen einfachen Pfannenknecht für das Kochen am Lagerfeuer können Sie aus Moniereisen improvisieren und zwar ganz ohne zu Schweißen: Nehmen Sie drei Stücke, biegen Sie jedes Ende zu einem Fuß und halten Sie die drei Fußpaare jeweils mit Schlauchschellen zusammen.

390

Einbein statt Dreibein

Ein dickes Stück Moniereisen mit einigen aufgeschweißten Ringen und ein Tragarm reichen aus, um einen Kessel über das Feuer zu hängen. Durch die Wülste in drei Höhen lässt sich die Höhe über dem Feuer regulieren und durch die Möglichkeit zu schwenken können Sie den Topf einfach vom Feuer nehmen.

392 Pfannenknecht aus Regalwinkeln

Auch aus drei Regalwinkeln und einigen Metallschrauben lässt sich mit wenig Aufwand ein einfacher Pfannenknecht improvisieren.

393 Einfacher Pfannenhalter

Um eine Eisenpfanne mit langem Stiel über dem Feuer aufzuhängen, brauchen Sie nur ein etwas stabileres Brett. Zwei oder drei Kerben geschickt hineingesägt und schon kann die Brutzelei beginnen.

394 Tropfschale für den Drehspieß

Im Baumarkt gibt es günstige Drehspieße, mit denen Sie vor dem Lagerfeuer in der Strahlungshitze Spießbraten, Thüringer Mutzbraten oder Geflügel grillen können. Leider gibt es keine passenden Tropfpfannen (oder nur sehr teure), um die Bratensäfte aufzufangen. Ein wahnsinnig praktischer und dabei außerordentlich günstiger Ersatz für die teuren Kupferpfannen (links) ist ein Gastronormbehälter in der Größe 2/4 (rechts). Die Länge von 530 mm ist mehr als ausreichend für eine große Gans oder zwei Schweinenacken.

395

Hitze reflektieren und Wind abschirmen

Die Hitze des Lagerfeuers reflektieren Sie mit großen Gastronorm- oder Backblechen. Damit können Sie Ihren Braten am Spieß auch gegen Wind abschirmen und vor dem Auskühlen bewahren.

336

Blech schützt vor Hitze

Die Rotisserie wird nicht so heiß, wenn Sie ein Backblech davorstellen und so die Strahlungshitze des Feuers abfangen.

337

Feuerschutz aus Blech

Damit beim Garen vor der Glut die Fettauffangschale durch die Strahlungshitze nicht sofort extrem heiß wird und der Bratensatz dadurch verbrennt, sollten Sie die Schale durch ein u-förmig gebogenes Blech schützen. Die Maße passen Sie Ihrer Auffangschale an. Jeder Metallbauer hat eine Vorrichtung, um dieses Standardmaterial sauber abzukanten.

338 Improvisierter Feuerschutz

Sie können das Feuerschutzblech auch ersetzen, indem Sie vor die Auffangschale zwei Backsteine oder ein dickes Holzscheit legen und die Hitze damit abschirmen.

339 Rotisserie weit weg vom Feuer

Damit die Rotisserie bzw. der Drehspieß nicht so heiß werden, sollten Sie einen möglichst langen Spieß verwenden und das Tier am spitzen Ende befestigen. So können Sie den Antrieb weiter vom Feuer entfernt aufstellen, wo er nicht so heiß wird.

400 Löschdecke

Eine einfache Löschdecke ist günstig zu bekommen und sollte daher bei jeder Grillveranstaltung vorhanden sein – erst recht, wenn dabei mit heißem Fett frittiert wird.

REINIGEN UND REPARIEREN

401 Verkrusteter Grillrost

Um den Grillrost von verkrusteten Rückständen zu befreien, legen Sie den Rost einfach auf den Rasen und decken ihn mit einer Plastiktüte ab. Am nächsten Morgen sind die Krusten weich und können mit einem Schwamm entfernt werden.
Alternativ können Sie den Rost auch in feuchtes Zeitungspapier einschlagen und die Verkrustungen über Nacht darin einweichen lassen.

402 Billiger Grillreiniger

Im Baumarkt finden Sie in der Schweißabteilung billige Drahtbürsten mit Edelstahlborsten, die sich hervorragend zum Reinigen des Grillrosts eignen. Mit einem einfachen Spachtel aus dem Baumarkt lässt sich der Smoker auskratzen.

403 Einfacher Grillreiniger

Knüllen Sie Alufolie zu einer Kugel von Apfelgröße. Greifen Sie die Kugel mit der Grillzange und schrubben Sie damit die Stangen des Grillrostes. Nach Gebrauch wird die Kugel entsorgt.

Günstige Spachtel aus dem Baumarkt sind ideal, um den Smoker auszukratzen.

404 Reinigen mit Zwiebeln

Halbieren Sie eine Zwiebel, stecken Sie sie auf eine Grillgabel und reiben Sie mit der Schnittfläche über den Rost, um festgebrannte Teile zu lösen.

405 Wok wieder auffrischen

Wenn Sie Ihren Wok einige Zeit nicht benutzt haben und sich darauf eine Kruste aus Fett, Essensresten und Rost gebildet hat, bedarf er dringend einer Auffrischung. Erhitzen Sie ihn, bis einige hineingegebene Wassertropfen auf der Oberfläche tanzen. Dann nehmen Sie ihn vom Feuer, geben zwei Esslöffel Salz und einen Esslöffel Öl hinzu und schmirgeln mit der Mischung den Dreck herunter. Spülen Sie den Wok unter heißem Wasser ab und lassen Sie das verbleibende Wasser auf dem Wokbrenner verdampfen. Jetzt wischen Sie schnell das Innere des Woks mit einem eingeölten Tuch aus und er ist wie neu!

406 Ballistol

Um Gusseisen und Eisenpfannen längere Zeit einzumotten, hat sich Ballistol bewährt. Es verharzt nicht und hat bessere Konservierungseigenschaften als Olivenöl. Vor der Wiederinbetriebnahme sollten Sie das Öl aber gut abwaschen, da es zwar lebensmittelecht sein soll, allerdings einen merkwürdigen Geschmack hinterlässt.

407 Holzbrettchen desinfizieren

Erhitzen Sie Holzbrettchen für 1 Minute auf höchster Stufe in die Mikrowelle. Anschließend sind sie keimfrei.

· ·

408 Holzschneidebretter säubern

Drücken Sie eine halbe Zitrone über einem Holzbrett aus und streuen Sie anschließend Salz auf das Brett. Verreiben Sie die Salz-Saft-Mischung und lassen Sie sie 10 Minuten einwirken. Dann wischen Sie das Brett ab und es riecht wieder frisch – selbst wenn Sie darauf vorher Fisch geschnitten haben.

· ·

409 Schneidebretter wie neu

Ein abgenutztes Schneidebrett aus Kunststoff wird wieder wie neu, wenn Sie es mit einem Elektrohobel abhobeln. Sollten Sie keinen besitzen, dann können Sie das auch in der Werkstatt eines Fleischereinkaufs machen lassen.

· ·

410 Töpfe versotten nicht

Beim Kochen über dem Lagerfeuer versotten die Töpfe und Pfanne vom Rauch des Feuers. Das Säubern der Außenseite gestaltet sich wesentlich leichter, wenn Sie sie vor dem Kochen mit etwas Spülmittel einreiben. Die Rußschicht löst sich dann beim anschließenden Reinigen wie von selbst.

411 Thermometer kalibrieren

Die im Smoker und Grill verbauten Thermometer sind nicht unbedingt von allerbester Qualität. Wollen Sie reproduzierbare Ergebnisse erzielen, ist es aber wichtig, dass die Anzeigen stimmen. Thermometer lassen sich aber sehr einfach kalibrieren. Erhitzen Sie Wasser in einem Wasserkocher und halten Sie das Thermometer hinein, sobald das Wasser nicht mehr siedet. Es muss jetzt etwa 100 °C anzeigen. Eine Differenz von bis zu 3 °C ist akzeptabel, aber eine größere Abweichung kann sich bemerkbar machen. Bei größeren Abweichungen lassen sich hochwertige Thermometer kalibrieren. Bei günstigeren Thermometern wissen Sie dann wenigstens, um wie viel es daneben liegt.

412 Steakmesser schärfen

Die Spitzen einer Wellenklinge stumpfen im Kontakt mit der harten Oberfläche des Tellers schnell ab. Sie können sie relativ einfach schärfen, indem Sie die Klinge von der Rückseite ganz leicht an einem Schleifstein entlangführen. Die abgestumpften Spitzen werden dadurch wieder scharf. In den Bögen behalten die Messer ihre Schärfe meist.

413 Heißes Wasser kann man immer brauchen

Für das Grillen in freier Natur ohne Wasseranschluss sollten Sie einen Wasservorrat zum Händewaschen und Gläserspülen mitnehmen. In einer Therme ist heißes Wasser wesentlich praktischer und das Händewaschen funktioniert besser. Größere Thermen kann man mit etwas Glück günstig in Bundeswehr-Shops kaufen.

414 Preisgünstige Außenspüle

Ein Spültisch mit extra großem Becken aus Edelstahl ist eine unheimlich praktische Sache, besonders wenn er draußen in der Nähe der Grill-Oase steht. Bauen Sie die Armaturen auf die normierten Schlauchanschlüsse Ihres Gartenschlauches um. Im Winter können Sie die Schläuche abmontieren, sodass die Armaturen und Schläuche nicht einfrieren.

Im großen Spülbecken ist das Reinigen des Grillrosts eine Sache von wenigen Minuten. Auch große Töpfe und Wannen lassen sich darin bequem säubern. Diese Spültische aus dem Gastronomie-Bedarf können Sie entweder im Internet oder bei Gastronomie-Ausstattern erwerben, die diese gebraucht gegen kleines Geld abgeben. Der Preis sollte maximal zwischen 100 und 200 Euro liegen, Neuware kostet ca. 600 Euro. Die Spülen halten ewig, da sie komplett aus rostfreiem Edelstahl gefertigt sind.

415 Außenspüle in Abwasserkanal

Damit das Wasser der Außenspüle auch in den Abwasserkanal kommt, stellen Sie einen größeren Eimer unter den Abfluss und hängen eine Schmutzwasserpumpe hinein.

416 Plastikwanne als Spülbecken

Um draußen schnell einige Teller abzuspülen, reicht eine Plastikwanne, wie sie als Mörtelkübel im Baumarkt angeboten wird, völlig aus.

417 Wasser steht in Outdoorspüle

Oft bleibt in einer Ecke der Spüle eine kleine Wasserpfütze stehen. Das lässt sich nicht immer vermeiden, aber das Wasser können Sie mit einem kleinen Loch einfach ablaufen lassen.

418 Thermoboxen lüften

In den Thermoboxen oder -kannen entwickelt sich kein muffiger Geruch, wenn Sie diese mit leicht geöffnetem Deckel wegstellen.

419 Heißes Wasser draußen

Um Ihre Außenspüle mit heißem Wasser zu versorgen, sollten Sie eine Möglichkeit finden, den Schlauch im Haus an einen Heißwasserhahn anzuschließen. Für heißes Trinkwasser gibt es spezielle Heißwasserdruckschläuche, die nicht viel kosten (ca. 1 Euro pro Meter) und sich nicht aufblähen oder auflösen. Schließen Sie oben einen isolierten Griff an, um sich am heißen Wasser nicht die Hände zu verbrennen. Alternativ können Sie auch unter der Spüle einen Durchlauferhitzer anbringen. Sie benötigen dann nur einen Kaltwasseranschluss.

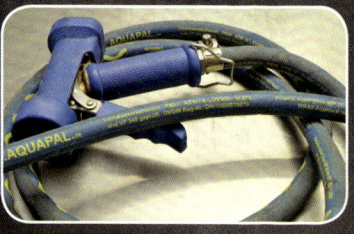

420 Geschirrkorb für Outdoor-Spüle

Einen praktischen, kostenlosen und haltbaren Geschirrkorb für Ihre Außenspüle finden Sie in ausgemusterten Spülmaschinen. Einfach den passenden Korb herausnehmen. Sollten Sie die Rollen stören, können Sie sie mit wenigen Handgriffen abmontieren.

421

Deckelhalter über der Spüle

Über der Spüle befestigte handelsübliche Deckelhalter sind ein praktischer Platz, um Schneidbretter, Deckel oder Pizzableche griffbereit zu verstauen.

422 Abwaschen leicht gemacht

Beim Fleischbraten im Holzbackofen bilden sich durch die starke Hitze oft sehr hartnäckige Krusten im Bräter. Sie sind einfacher zu entfernen, wenn Sie die Resthitze des Ofens nutzen und den Bräter mit Wasser gefüllt wieder in den Ofen stellen. Nach einigen Stunden sind die Krusten weich und lassen sich spielend leicht abwaschen. Das Wasser darf aber natürlich nicht vollständig verdampfen, sonst brennen die Krusten wieder an.

Um den Bräter sauber zu halten, können Sie den Braten auch in einer Einweg-Aluschale in den Bräter geben. Für sich genommen ist die Aluschale aber nicht stabil genug für ein schweres Stück Fleisch.

423 Sektkorken als Fuß

Bei vielen Kugelgrills nutzen sich die Plastikfüße schnell ab, doch so ganz ohne Schutz sinken die Beine schnell im Rasen ein oder zerkratzen den Untergrund. Ein Sektkorken aus Naturkork, der in die Öffnung der Beine passt, kann hier schnell Abhilfe schaffen.

424

Rauch- und Grillgeruch aus der Kleidung entfernen

Ein echter Griller trägt den Rauchgeruch an der Kleidung wie einen Orden, aber nicht jeder ist davon erbaut. Soll das Lieblingsshirt oder -hemd schnell den Geruch verlieren, füllt man eine Essig-Wasser-Mischung in einen Pumpzerstäuber und sprüht die Kleidung damit ein.

Eine andere Möglichkeit ist, einen Topf mit Wasser aufzusetzen und einen Schuss Essig in das Wasser zu geben. Über den dampfenden Topf häng man das Kleidungsstück und schon nach kurzer Zeit hat der Essig die Geruchsmoleküle gebunden, die Bekleidung riecht wieder frisch. Das Hemd zu waschen und zu trocknen dauert deutlich länger.

425 Handtücher sicher aufhängen

Gerade beim Grillen mangelt es immer wieder an Möglichkeiten zum Aufhängen von Handtüchern. Schlagen Sie zwei Nägel in einem ausreichend großen Abstand in eine Holzwand oder eine Tür in der Nähe der Spüle und spannen Sie eine Schnur zwischen ihnen. Nun können Sie Handtücher zum Trocknen aufhängen und haben sie dennoch schnell zur Hand.

ZUBEHÖR

426

Günstiger Pizzastein

Pizza auf dem Grill gelingt erst dann richtig gut, wenn Sie einen Schamottestein auf den Rost legen. Diesen gibt es für viel Geld als Zubehör oder für wenig Geld beim Ofenbauer, der ihn auch noch auf Maß zuschneidet. Nicht alle Ofenbauer können die Steine rund zuschneiden, aber achteckig reicht für einen Kugelgrill auch aus.

427

Pizza schneiden

Um eine Pizza richtig zu schneiden, benötigen Sie entweder ein langes Messer, das Sie auch komplett bündig auf die Unterlage drücken können. Mit dem Messer setzen Sie an der Spitze an und drücken es dann komplett auf die Schneidunterlage. Falsch ist es, damit mit mehreren Hüben und nur der Spitze schneiden zu wollen, dabei stechen Sie nur einige Löcher in die Pizza, geschnitten wird dabei nichts. Die zweite Möglichkeit ist, ein Pizza-Rad zu benutzen, das ist zwar nicht so sexy wie ein großes Messer, funktioniert aber auch bestens.

428

Pizza Pizza

Beschaffen Sie sich für Ihre Pizza große Holzbretter, aber keine Pizzateller, denn das Holz nimmt die Feuchtigkeit des Teigs auf, sodass der Boden länger knusprig bleibt. Außerdem kühlt eine Pizza auf einem Steingutteller schneller aus. Und drittens werden Messer auf Holzbrettern nicht so schnell stumpf.

429 Vakuumieren – am richtigen Ende sparen

Bevor Sie sich ein Vakuumiergerät kaufen, sollten Sie überlegen, wie oft es tatsächlich zum Einsatz kommen wird. Denn Vakuumtüten gibt es in zwei Sorten: Die einen besitzen eine Strukturprägung (links) und sind für einfache Haushalts- und semi-professionelle Geräte gedacht. Sie sind aber sehr teuer. Die einfachen „Siegelrandbeutel" (rechts) kosten nur etwa ein Zehntel, sind aber für die sehr teuren Kammergeräte gedacht.

Wenn Sie sehr viel vakuumieren, kann es sich lohnen, sich ein solches Profigerät anzuschaffen und dann bei den Tütenkosten zu sparen. Vakuumieren Sie aber nur hin und wieder, sollten Sie sich eher ein Haushaltsgerät anschaffen und die Tüten in größeren Mengen im Angebot kaufen.

430 Siegelrandbeutel vakuumieren

Möchten Sie mit einem einfachen Vakuumierer für strukturierte Beutel glatte Siegelrandbeutel verschließen, haben Sie zwei Möglichkeiten. Sie können die beiden Seitennähte so verschieben, dass dort eine kleine Falte entsteht. Noch besser ist es aber, eine strukturierte Tüte in Stücke zu schneiden und die Streifen oben in die Tüte einzulegen. Die Luft wird durch die Struktur abgesaugt und dann der Tütenteil einfach mit durchgeschweißt.

431 Keine Flüssigkeit im Vakuumierer

Legen Sie ein gefaltetes Küchentuch in die Vakuumtüte vor die Schweißnaht. Dort wird die Flüssigkeit festgehalten, bevor sie in das Gerät gesaugt wird.

432 Feinkostbecher und Aluschalen

Bei jeder Feier bleiben Reste übrig. Um den Gästen etwas davon mitzugeben, können Sie im Großmarkt Feinkostbecher und Aluschalen mit Deckel besorgen. Diese Einwegware kostet nicht die Welt und Sie ersparen sich die Mühe, verliehenen Plastikschüsseln hinterherzulaufen.

433 Verpackungen sammeln

Joghurtbecher oder Speiseeiskanister – besonders in Größe einer Familienpackung – sollten Sie sammeln und aufbewahren. Darin können Sie Reste gut verpacken und entweder einfrieren oder Gästen mitgeben.

434 Glas oder Flasche geht nicht auf?

Wenn ein Glas mit Twist-Off-Verschluss nicht aufgehen will, dann hilft eine Antirutschmatte weiter. Damit haben Sie den nötigen Gripp, um auch den widerspenstigsten Deckel zu öffnen.

435 Dichtung am Wurstfüller fehlt

Legen Sie ein feuchtes Handtuch auf das Brät und kurbeln Sie den Stempel herunter, das funktioniert eigentlich immer, zur Not legen Sie das Handtuch doppelt.

436 Fleischwolf-Messer

Wer selbst wurstet und einen Profi-Fleischwolf sein Eigen nennt, der hat meist auch mehrere Sätze Messer und Lochscheiben. Um hier die Übersicht zu behalten, knoten Sie einfach ein Stück Wurstband durch die neuen, scharfen, unbenutzten Scheiben und Messer. Um diese einzusetzen, müssen Sie das Band durchschneiden, dann wissen Sie sofort, dass die Messer schon einmal benutzt wurden.

437 Nadel für Marinadenspritzen

Lässt man die Nadel an der Marinadenspritze, kann man sich stechen, nimmt man sie ab, geht sie verloren. Sie können sie aber ganz einfach in der Spritze aufbewahren. Ziehen Sie dazu den Stempel hoch, legen Sie die Nadel hinein und drücken Sie den Stempel wieder nach unten.

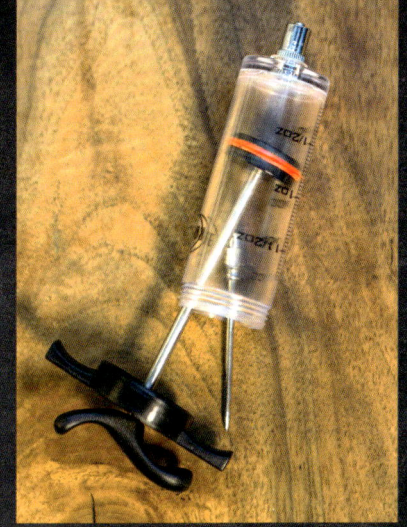

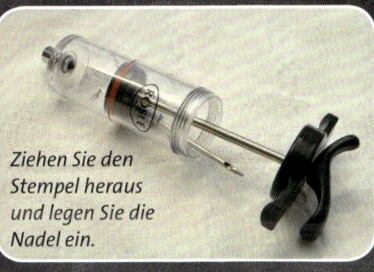

Ziehen Sie den Stempel heraus und legen Sie die Nadel ein.

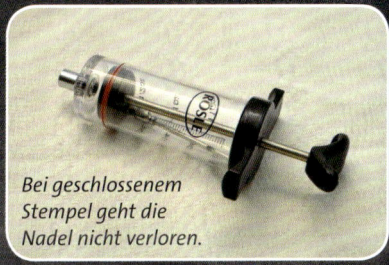

Bei geschlossenem Stempel geht die Nadel nicht verloren.

438 Spicknadel modifizieren

Sie können Spicknadeln, mit denen Sie ganze Tiere am Spieß zunähen wollen, modifizieren, indem Sie sie am unteren Ende des Loches aufschlitzen. So können Sie den Faden einfach einhaken und müssen ihn nicht jedes Mal wieder einfädeln.

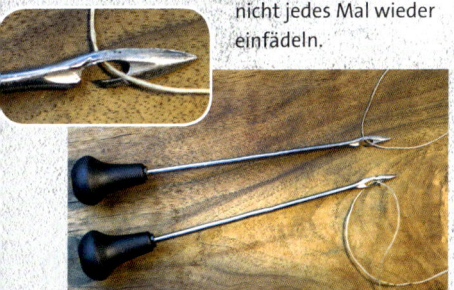

439 Warum Gusseisenrost?

Ein richtig geformter Gusseisenrost besteht im Gegensatz zu dem aus Edelstahl geschweißten Rost nicht aus runden, sondern aus an der Kontaktfläche abgeflachten Stäben. Das hohe Gewicht sorgt dafür, dass die Temperatur im Eisen beim Kontakt mit dem Fleisch nicht so stark sinkt. Damit ist gewährleistet, dass durch die MaillardReaktion die gewünschten Röstaromen entstehen.

440 Kleine Gusseisenroste

Gusseisen ist ein unheimlich sprödes Material, deshalb sind die Roste recht zerbrechlich – auch wenn man von Eisen größere Robustheit erwartet. Ein einteiliger runder Gusseisenrost von 50 cm Durchmesser erreicht bei halbwegs ausreichender Stabilität ein Gewicht von über 20 kg. Das ist dann schon zu viel und wird nicht mehr so heiß wie erforderlich. Besorgen Sie sich deshalb für Ihren großen Kugelgrill lieber einen viergeteilten Rost.

. . . .

441 Küchenrolle immer griffbereit

Ein geschickt gebogener Draht ist ein perfekter Halter für die Küchenrolle und lässt sich an vielen Grills und Smokern anbringen.

442 Ständer für Küchenrollen

Der Schwachpunkt handelsüblicher Küchenrollenhalter ist das zu leichte Material. Beim Abrollen wirft man meistens die ganze Konstruktion um. Hier heißt es: selbermachen bzw. besser machen. Sägen Sie die Grundplatte aus einem schweren Stück Holz zurecht. In die Mitte stecken Sie ein Rundholz, das etwa eine Handbreit höher sein sollte als die Küchenrolle. An das Rundholz knoten Sie oben mittig eine Schnur, an das andere Ende knoten Sie ein Gewicht. So verhindern Sie, dass der Wind die Rolle abrollt. Kleben Sie drei Filzgleiter unter die Platte, damit die Konstruktion nicht wackelt.

443 Messerträger

Für jeden echten Griller ist ein Set aus verschiedenen Messern, einer Fleischgabel und einem Wetzstahl eine Frage der Ehre. Ein ausgedienter Kanister wird mit wenigen Schnitten zu einem hervorragenden Messerträger.

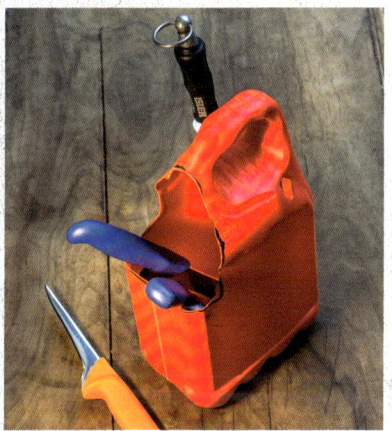

445 Günstiger Saucenpinsel

Statt der teuren Silikonpinsel eignen sich zum Auftragen der Saucen beim Smoken günstige Malerpinsel mit Naturborsten ebenso gut. Sie lassen sich zwar nur schlecht reinigen, aber bei dem günstigen Preis können Sie bei Bedarf immer wieder ersetzen.

444 Immer mit Haken

Kaufen Sie grundsätzlich Grillwerkzeuge mit einem Haken oder einer Öse am Griff, dann können Sie sie überall aufhängen.

446 Wok-Kellen sind praktisch

Wok-Kellen mit Holzgriff und Schaumkellen aus Holz sind praktisch, gut zu handhaben und werden nicht heiß.

447 Kübelspritze

Als Feuerlöschgerät sollten Sie beim Grillen die gute alte Kübelspritze bereithalten. Ein Pulverlöscher verdirbt nämlich den Garten und das Essen. Mit dem Wasserstrahl können Sie zielgenau das Feuer löschen. Am besten haben Sie auch eine Feuerlöschdecke parat. Mit der Kübelspritze haben die Kinder im Sommer obendrein eine Menge Spaß.

448

Löschschlauch bereitlegen

Ein Gartenschlauch mit einer Spritze an dem freien Ende neben den Grill gelegt, sorgt für Sicherheit. Vergessen Sie aber nicht, den Wasserhahn schon aufzudrehen, sodass beim Druck auf die Spritze auch gleich Wasser kommt.

449 Fettbrand löschen

Wenn Sie am offenen Feuer mit viel Fett arbeiten, z. B. beim Fondue oder Frittieren, sollten Sie zur Sicherheit einen kleinen Eimer mit Sand, eine Löschdecke oder einen großen Deckel bereithalten. Fettbrand nie mit Wasser löschen!

450 Schürze

Wenn Sie sich eine Schürze für das Grillen kaufen, dann sollten Sie diese vorher unbedingt anprobieren. Achten Sie darauf, dass die Bänder lang genug sind, um sie einmal nach hinten und wieder nach vorne zu führen und die Schürze vor dem Bauch zubinden zu können.

451 Bänder verlängern

An vielen Schürzen sind die Bänder zu kurz, sodass sich diese nicht einmal um den Körper schlingen und vorne knoten lassen. Verlängern Sie dann einfach die Bänder, indem Sie andere annähen oder indem Sie die Bänder abschneiden, in die Ecken der Schürze Ösen aus dem Baumarkt schlagen und dann vernünftige Bänder anknoten.

452 Handtuch immer dabei

Stecken Sie ein sauberes Handtuch, das Sie zum Abtrocknen der Hände oder als Topflappen benutzen möchten, unter die Bänder Ihrer Schürze.
Wenn Sie kein Schürzenträger sind, befestigen Sie das Handtuch einfach am Gürtel.

453 Knopf an der Schürze

Sind die Schürzenbänder doch so kurz, dass man sie nur hinter dem Rücken zuknoten kann, können Sie an angenehmer Stelle einen dicken Mantelknopf an die Schürze nähen und das Handtuch entweder mit der Schlaufe oder einem passen Knopfloch an der Schürze befestigen.

454 Knopfloch statt Aufhänger

Bei Handtüchern reißen die Aufhänger früher oder später ab. Es ist praktischer, anstelle eines neuen Aufhängers ein Knopfloch einzusticken. Jede moderne Nähmaschine verfügt über eine Knopflochautomatik, das Knopfloch muss danach nur noch aufgeschnitten werden.

455 Geschirr- und Handtücher mit Bedacht kaufen

Ein Grubentuch sollte mindestens die Maße 100 x 50 cm haben. Die 70 x 50 cm großen Tücher sind zu klein. Ein an der Schütze hängendes zu kurzes Tuch taugt nicht als Topflappen.

456 Feuerfeste Grillschürzen

Achten Sie unbedingt darauf, dass die Grillschürze aus reiner, feuerfester Baumwolle besteht.

457

Rippenhalter

Ribs nehmen auf dem Grill bei relativ kleiner Fleischmenge sehr viel Platz ein, deshalb sollten Sie unbedingt einen Rippchenhalter benutzen und die Ribs im Smoker hochkant einstapeln. Besonders gut eignet sich z. B. dieser Deckelhalter von Ikea.

458 Günstige Aluschalen

Einweg-Aluschalen aus dem Grillherstellersortiment sind teurer als Aluschalen aus dem Gastronomiefachhandel. Die alubeschichteten Pappdeckel sind zwar nicht für den Grill geeignet, aber Sie können die Speisen in den Schalen vorbereiten, verschließen und im Kühlschrank stapeln.

Aluschalen sorgen für Ordnung im Smoker und leckere Kleinigkeiten lassen sich gut vorbereiten.

459

Brandeisen

Brandeisen müssen richtig heiß sein, bevor man sie einsetzt. Wenn Sie damit nicht Steaks, sondern die Schwarte von Krustenbraten oder helles Fleisch oder Toastbrot stempeln, sind die Konturen besser sichtbar.

460

Einmachgummis gegen Rutschen

Wenn man Einmachgummis unter Schüsseln legt, rutschen sie nicht. Sie können im Geschirrspüler gereinigt werden.

461 Schneidebrett ohne Saftrille

Kaufen Sie grundsätzlich Schneidebretter ohne Saftrille, denn beim Gemüseschneiden stört sie nur. Sie können das geschnittene Gemüse nicht vom Brett schieben, ohne dass etwas in der Rille hängen bleibt. Wenn Sie ein Brett mit Saftrille haben, dann wenden Sie es zum Gemüseschneiden einfach.

462 Schneidebrett

Passen Sie das Schneidebrett mit einer elektrischen Stichsäge so in den Gastronormbehälter ein, dass Sie die geschnittenen Lebensmittel durch eine Aussparung nach unten schieben und im Behälter auffangen können.

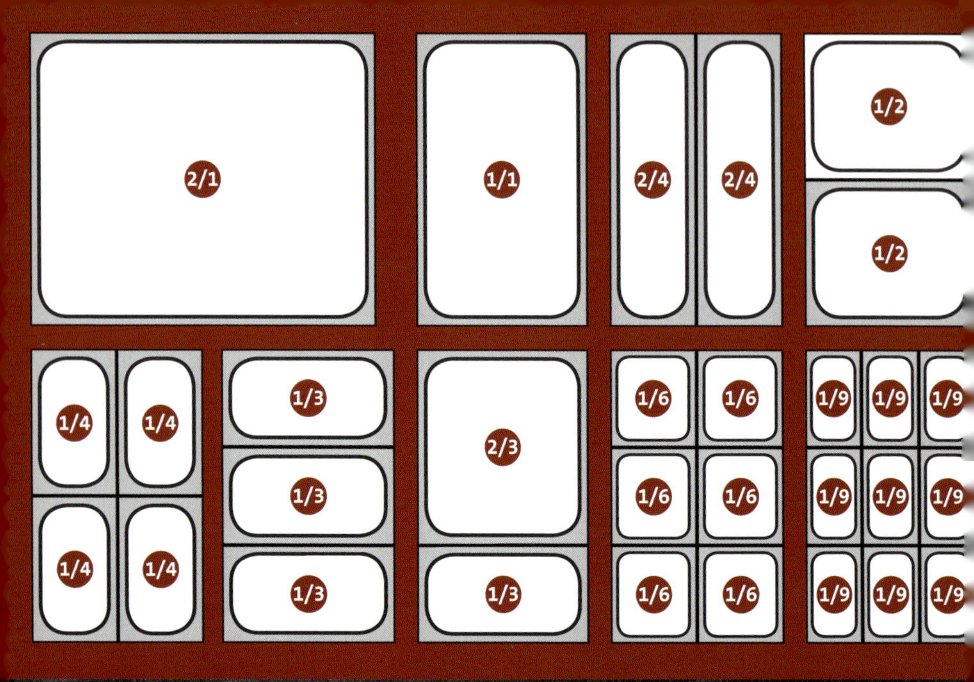

2/1 · **1/1** · **2/4** · **2/4** · **1/2** · **1/2**

1/4 · **1/4** · **1/3** · **2/3** · **1/6** · **1/6** · **1/9** · **1/9** · **1/9**

1/4 · **1/4** · **1/3** · **1/6** · **1/6** · **1/9** · **1/9** · **1/9**

1/4 · **1/4** · **1/3** · **1/3** · **1/6** · **1/6** · **1/9** · **1/9** · **1/9**

463 Was ist eigentlich Gastronorm?

Die Behälter für den professionellen Umgang mit Lebensmitteln sind international genormt, und weil sie für die Gastronomie gedacht und genormt sind, heißen sie Gastronorm-Bahälter.

Leider sind aber nur die Außenmaße genormt, sodass es sein kann, dass die unterschiedlichen Hersteller verschiedene Eckradien nutzen und sich nicht alle Marken untereinander stapeln lassen. Eigentlich halten sich alle Hersteller von Gastrogeräten und -möbeln an diese Maße, sodass die Versorgung mit diesem strapazierfähigen Geschirr kein Problem darstellt.

Die einzelnen Größen werden als Brüche dargestellt, die übliche Größe ist 1/1 Gastronorm oder abgekürzt 1/1 GN. Außerdem gibt es 2/1 GN, 1/2 GN, 1/4 GN und 2/4 GN und bei den Dritteln 2/3 GN, 1/3 GN, 1/6 GN und 1/9 GN.

Die Schüsseln gibt es aus rostfreiem Edelstahl, aus Kunststoff und in verschiedenen Höhen sowie gelocht oder mit Siebeinsatz. Als Bräter außerdem aus Gusseisen.

Beim Kauf sollten Sie auf Qualität achten: Es gibt GN-Schüsseln, die mehr als das Doppelte wiegen als die Produkte von anderen Anbietern. Gerade bei den Discountern ist das der Fall. Im Zweifel sollten Sie etwas mehr investieren, denn die schwereren verbeulen nicht so schnell.

464 Thermobox

Zum Nachgaren oder Warmhalten der Speisen haben sich schwarze Thermoboxen im Gastronorm-Format bewährt. Als Einsatz verwenden Sie eine Gastronorm-Schüssel (GN 1/1) in passender Höhe und einen Deckel mit Silikondichtung.

465 Bleche in Thermobox stapeln

Um die Bleche in einer Thermobox übereinander schichten zu können ohne die Speisen zu zerdrücken, legen Sie jeweils zwei passende Latten zwischen die Bleche. So können delikate Speisen vorbereitet, gekühlt, warmgehalten oder transportiert werden.

467 Immer feste Schuhe tragen

Am Lagerfeuer oder Grill ist es im Sommer besonders heiß. Sie sollten trotzdem lange Hosen, die idealerweise bis über die Schuhe reichen, und festes, geschlossenes Schuhwerk tragen.

468 Streichhölzer vor Feuchtigkeit schützen

Anzünder und Streichhölzer sollten Sie stets in luftdicht verschließbaren Gläsern aufbewahren, damit sie keine Feuchtigkeit ziehen.

466 Mop-Pinsel für die Ewigkeit

Ringreiniger lassen sich zum idealen Mop-Pinsel umbauen: Befestigen Sie einen Schlüsselring in der Mitte des Ringreinigers und an dem Schlüsselring einen Griff. Der Mop lässt sich schnell reinigen und enthält weder Kunststoff- noch Baumwollfäden.

469 Türmchen bauen

Um die so beliebten Grilltürmchen auf-
schichten zu können, schlagen Sie einfach
einen langen Nagel durch ein Frühstücks-
brettchen. Der Nagel sollte eine Länge
von ca. 16 cm haben und ist deshalb auch
entsprechend dick. Damit das Brett nicht
gespalten wird, müssen Sie vorbohren.
Und damit der Nagel in der Oberfläche
verschwindet, müssen Sie das Loch an der
Unterseite kräftig anschrägen. Die Spitze
des Nagels sollten Sie nadelspitz anschlei-
fen und wenn möglich etwas polieren. Sie
können diesen Nagel auch zuvor in einem
Kugelgrill einbrennen, damit er richtig
schwarz wird.

470 Haken an die Kette binden

Wenn Sie einen Kessel mit einem Haken an
eine Kette hängen, sollten Sie den Haken
unbedingt mit einem Draht schließen, damit er sich nicht von der Kette lösen kann.
Es wäre sonst nicht der erste Haken, der sich
beim Umhängen des Kessels selbständig
macht und in den Kessel plumpst.

471 Kesselhaken

Ein Kesselhaken ist eine Vorrichtung, mit der Sie den Abstand des Kessels zum Feuer bequem und einfach durch Umhängen verstellen können.

472 Flexibler Doppelhaken

Ein Doppelhaken mit zwei unterschiedlich langen Schenkeln ist gut geeignet, um einen Kessel in zwei unterschiedlichen Höhen über das Feuer zu hängen.

473 Grillzange als Bücherhalter

Wer hin und wieder nach Rezept kocht, kennt das Problem: Die Seiten blättern immer wieder von allein um oder das Buch schlägt zu. Das können Sie vermeiden, indem Sie das Buch in eine Grillzange klemmen.

475 Hosenbügel als Kochbuchhalter

Um ein Kochbuch am Grill offenzuhalten ist ein Hosenbügel ideal geeignet, Sie brauchen nur die offenen Seiten oben einzuklemmen. Bei leichteren Büchern können Sie den Bügel sogar aufhängen.

474 Keine Flasche zum Besprühen?

Wenn Sie keine Sprühflasche zum Anfeuchten der Ribs oder des Asados haben, können Sie behelfsmäßig eine aus einer 1½-Liter-Flasche aus dünnem PET-Plastik basteln. Erhitzen Sie eine Nadel oder einen dünnen Nagel und brennen Sie viele kleine Löcher in den Deckel. Füllen Sie die Flasche mit Salzwasser oder Apfelsaft, halten Sie sie mit dem Deckel nach unten und pressen Sie den Inhalt in dünnen Strahlen auf das Grillgut.
Eine andere Möglichkeit ist, eine Glasflasche mit einem Korken zu präparieren. Schneiden Sie aus dem Korken V-förmige Kerben, füllen Sie die Flasche mit Salzwasser oder Apfelsaft und schleudern Sie die Flüssigkeit aus dem Handgelenk durch den Korken auf das Essen.

476
Akku-Mixer

Wenn Ihnen für Ihr elektrisches Handrührgerät kein Strom-anschluss zur Verfügung steht, können Sie zur Not auch mal einen der Mixeraufsätze in einen Akkuschrauber einspannen.

477 Dosen verschließen

Im Supermarkt gibt es in der Brotabteilung Dosenbrot zu kaufen. Das ist an sich nicht sehr spannend, aber die Dosen haben zusätzlich zu dem Ring-Pull-Verschluss einen Plastikdeckel, um den Anbruch zu verschließen. Diese Dosendeckel sind für andere Dosen, die man nicht sofort aufbraucht, gut als Verschluss geeignet.

478 Flache Schaschlikspieße

Verwenden Sie statt der runden lieber flache Metallspieße, da sich das Fleisch auf ihnen nicht dreht.

479 Schaschlikspieße aufrüsten

Die Schaschlikspieße lassen sich viel besser bestücken, wenn man die Spitze auf einem Bandschleifer richtig scharf schleift.

480 Griffe für den Grillrost

Montieren Sie Rundstahlbügel (im Baumarkt erhältlich), mit denen man normalerweise Rohre fixiert, mit Muttern und Unterlegscheiben wie einen Griff an den Grillrost. So können Sie ihn auch dann sicher anheben (z. B. um Kohle nachzulegen), wenn er voll beladen ist.

MÖBEL
UND HARDWARE

481 Wurstküche

Wer sich schnell und günstig einen Küchen-raum zum Wursten und zur Vorbereitung einrichten will, der kann viel Geld sparen, wenn er die alten, hässlichen Fliesen einfach überstreicht. Dafür gibt es eine spezielle Epoxy-Farbe. Die Fliesen müssen erst speziell vorbehandelt werden, dann kann man den Epoxy-Belag aufstreichen.

482 Rutschfeste Fliesen

Die Bodenfliesen in einer Wurstküche sind meist nicht rutschfest und man kommt bei Feuchtigkeit schnell zu Fall. Dagegen können Sie die Fliesen mit Anti-Slide rutschsicher machen, für etwas mehr als 100 Euro pro Raum normaler Größe. Mit einer Spezial-flüssigkeit wird die Oberfläche der Fliesen angeätzt und dadurch stumpf. Dann wa-schen Sie die Flüssigkeit mit einem Neutrali-sator und dann mit klarem Wasser ab. Das ganze dauert keine Stunde und ist deutlich billiger als neu zu fliesen.

484 Bierzelttische nicht zu schmal kaufen!

Bierzelttische sind eigentlich immer zu schmal, dabei gibt es eine breitere Version, die allerdings in Baumärkten nicht immer zu haben ist. Die breiteren Tische sind deutlich bequemer und auch zum Essen mit großen Tellern geeignet.

485 Kuchenteller für Bierzelttische

Um den Platz auf schmalen Bierzelttischen optimal zu nutzen, sollten Sie zum Essen auf Kuchenteller ausweichen, sofern die Art der Speise es erlaubt. So finden zwei Teller auf gleicher Höhe Platz und es können auch noch Gläser und Tischdeko bequem abgestellt werden.

483 Qualitätsunterschiede bei Bierzeltgarnituren

Billige Bierzeltgarnituren haben meist zu dünne Eisenbeine, die leicht umknicken können. Kaufen Sie am besten Bierzeltgar-nituren mit Löchern an den Füßen, dann können Sie nämlich Kunststoffgleiter einsetzen und die Bänke auch in gefliesten Innenbereichen einsetzen.

486

Holzkeile
& Bierdeckel

Da im Garten immer etwas
kippelt, sollten Sie für eine
zünftige Party einen kleinen
Eimer mit Bierdeckeln und
einfachen Holzkeilen bereithalten, die man mit einer
Kreissäge aus Abfallholz
zuschneiden kann. Falls
die Bierdeckel rutschen,
werden sie kurz gewässert.
Schneiden Sie die Holzkeile
nicht zu klein, sondern in
verschiedenen Stärken und
mit einem flachen Winkel.

487

Stehtisch für mehr
Standsicherheit

Nageln Sie an selbstgebauten Stehtischen
in 20 cm Höhe eine Leiste an, auf der man
sich mit einem Fuß abstützen kann. So ist
es auf Dauer einfach bequemer und der
Rücken Ihrer Gäste wird es Ihnen danken.

489

Blechtisch
mit Rädern

Rüsten Sie Ihre Blechtische mit großen
Plastikrollen nach (zwei normale Räder
und zwei mit Bremse).

488

Beistelltisch

Besorgen Sie sich für Ihren Grill einen richtigen, etwas höheren Beistelltisch. Darauf
lassen sich die vielen Fleischteller und
das Zubehör sicherer abstellen als auf den
kleinen Ablageflächen am Grill.

SELBST GEBAUT

490 Anzündkamin aus einem Besteckkorb

Handelsübliche Anzündkamine für Grillbriketts sind für den Betrieb eines Dutch Ovens meist zu groß, da man in diesem Fall nur wenige Kohlen benötigt. Bei einem nur zu einem Viertel gefüllten Anzündkamin stellt sich der gewünschte Kamineffekt aber nicht richtig ein. Sie können sich aus einem Besteckbehälter (z. B. aus dem schwedischen Möbelhaus) mit einigen 8-mm-Gewindestangen und Muttern schnell einen kleinen Anzündkamin basteln, der ausreichend Briketts fasst und damit für einen 10-Zoll- und 12-Zoll-Dutch-Oven ideal geeignet ist.

491 Hufeisen oder Bauklammern an Sitzstämmen

Als Sitze oder Hackklötze genutzte Baumstümpfe werden deutlich aufgewertet und sind leichter zu bewegen, wenn Sie rechts und links Bauklammern als Griffe hineinschlagen. Alte Hufeisen können an den Enden zu Spitzen ausgeschmiedet und in die Stämme gerammt oder abgebogen und festgeschraubt werden. Vor der Verwendung können Sie die Hufeisen im Gasgrill schwärzen. Rustikaler geht es kaum.

492 Hufeisen als Untersetzer

Was sieht rustikaler aus, als ein Untersetzer aus Hufeisen? Drei Schweißpunkte und schon ist er fertig. Sie müssen lediglich die Aufzüge wegschleifen und den Untersetzer wie einen Dutch Oven im Gasgrill einbrennen, damit er schön schwarz wird.

493 Selbstgebautes Bierkarussell

Dieses Bierkarussell bietet bei Regen bis zu 20 Personen Schutz.

Das Grundgestell ist eine Euro-Gitterbox. Darauf wird eine Siebdruckplatte mit abgerundeten Enden (Stichsäge) und 20 cm Überstand gelegt. An die Unterseite dieser Platte wird ein Kranz aus Dachlatten geschraubt, der die Platte oben in der Gitterbox fixiert. Sie müssen die Platte unbedingt gut mit Schrauben oder dickem, sicher durch Löcher gefädeltem Spanndraht an der Gitterbox befestigen. In die Platte schneiden Sie mittig ein Loch, das nur wenig größer ist als der Durchmesser des Gastro-Schirms. Auf die Holzplatte am Boden der Gitterbox schrauben Sie eine dicke Holzplatte mit einem korrespondierenden Loch für das untere Ende des Schirms.

Stapeln Sie schönes Holz in die Gitterbox, lassen Sie aber mittig einen Durchgang für den Schirm frei. Am besten lassen Sie auch von mindestens einer Seite den Blick auf das Schirmloch frei, um es später nicht „blind" finden zu müssen. Lassen Sie das Holz gleich im Baumarkt zuschneiden, denn die Zuschnittmaschine arbeitet sehr genau. Damit der Schirm bei Wind nicht weg fliegt, schrauben Sie in die Siebdruckplatte noch

eine Schraub-Öse, an der Sie das Seil zum Hochziehen des Schirmes verknoten können. Diese Konstruktion wiegt mit Holz ca. eine halbe Tonne, lässt sich aber mit einem Hubwagen kinderleicht bewegen. Ohne Zusatzgewicht liegt das Gewicht des Gerüsts bei etwa 100 kg.

Verschnittverwendung: Beim Zuschneiden der Siebdruckplatte (125 x 250 mm) bleibt ein Reststück übrig, das beinahe exakt in eine Gitterbox passt. Es kann beispielsweise als Regenschutz für das Holz in einer zweiten Gitterbox fungieren.

494 Marshmallow-, Würstchen- oder Fonduegabeln

Binden Sie einige Blechgabeln mit einem Stück Blumendraht an leichte Stöcke und schon können Sie sicher und sauber Marshmallows oder Würstchen grillen. Dieselbe Methode funktioniert auch für Fonduegabeln am offenen Feuer.

435 Kein Edelstahl im Grill

Beim Bau von Grills greifen die meisten Heimwerker auf rostfreien Edelstahl zurück, obwohl dieser nicht sehr feuerbeständig ist. Er wird blau und wirft sich extrem, sodass sich die Kohlebecken unter dem Grill so verziehen, dass die glühende Kohle herausgeschleudert wird. Verwenden Sie deshalb lieber etwas dickeren Baustahl, der die Hitze besser verträgt.

436 Flammkuchen-ofen aus einem Bierfass

Einen einfachen Flammkuchenofen für den gelegentlichen Einsatz können Sie selbst herstellen, indem Sie ein leeres 50-Liter-Bierfass an der Oberseite aufschneiden. Lassen Sie vom Ofenbauer in die Mitte eine Schamotteplatte einpassen. Sie darf hinten nicht anstoßen, sondern sollte eine Hand-breit Platz lassen.

Befeuert wird das Fass in der unteren Ab-teilung, die Flammen schlagen dann oben aus dem Fass heraus und überbacken den Flammkuchen oder die Pizza. Der Teig wird durch die Hitze des Steins gegart.

437 Bock für Bierfässchen oder Stehtisch

Aus zwei Spanplatten können Sie nach der untenstehenden Schablone einen einfachen Bock für ein Bierfässchen bauen. Stellen Sie den Bock anschließend auf ein Gastro-norm-Blech, als Tropfschale.

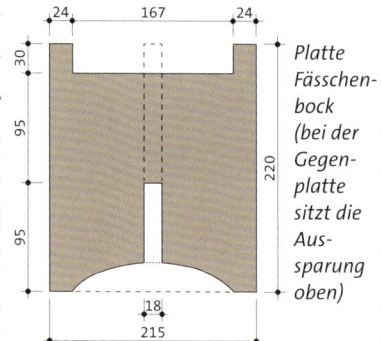

Platte Fässchen-bock (bei der Gegen-platte sitzt die Aus-sparung oben)

Nach demselben Prinzip lässt sich auch ein Stehtisch bauen: Schlitzen Sie zwei Leim-holzplatten jeweils von einem Ende bis zur Mitte in der Holzstärke auf und stecken Sie sie gegengleich ineinander. Decken Sie das entstandene Kreuz mit einer runden Platte ab – und schon haben Sie einen improvisier-ten Stehtisch.

498 Bauanleitung Schweinegrill oder Kistensau

Die als „Kistensau" oder auch als „Cajun Microwave" bezeichnete Methode ist eines der leichtesten Verfahren des Spanferkelgrillens.

Den Ofen für die Kistensau bauen Sie aus Betonsteinen (Bellamur Vollstein, 24 kg, 50 x 25 x 20 cm, 3,95 Euro pro Stück) selbst. Die Lücken füllen Sie mit Bellamur Halbsteinen. Die Wanne ist für einen sechsflammigen Gastrobräter gedacht und 1150 mm lang (ca. 150 Euro), das reicht für ein 15 kg schweres Spanferkel (20 kg ohne Hinterpfoten).

Unten in den Ofen kommen vier Backsteine, die vor dem kompletten Zusammenbau mit der Wanne in Waage gebracht werden. Erst wenn die Wanne richtig liegt, wird die erste Schicht Steine und danach versetzt die zweite Schicht aufgelegt. Wenn unter das Schwein auch noch zusätzlich Holzkohle gelegt werden soll, wird an zwei Stellen ein Stein so hervorgezogen, dass ein Spalt von ein bis zwei Zentimetern entsteht, um Zuluft zu ermöglichen.

Die Abdeckplatte wird aus 6 mm Baustahl geschnitten, das macht jede Laserbude am Ort gerne und preisgünstig (etwa 160 Euro inklusive Material). Vier Hufeisen als Griffe angeschweißt sehen gut aus und die Platte ist leichter zu bewegen, leider wirft sie sich etwas, das schadet aber nicht.

Einkaufsliste

20 Bellamur Vollsteine, 500 x 250 x 200 mm
4 Bellamur Halbsteine, 250 x 250 x 200 mm
1 Platte aus 6 mm ST37 Baustahl, 1350 x 850 mm
1 Stahlpfanne für einen 6-flammigen Grill

Die Steine kosten etwa 100 Euro, die Pfanne 130 Euro, das Blech etwa 160 Euro, die gesamte Anlage somit etwa 390 Euro.

Verschlossen wird das Ganze mit einem dicken Blech, auf dem ein Feuer angezündet wird. Die Strahlungshitze gart das Schwein in 3–4 Stunden. Sollten Sie Bedenken haben, dass das Schwein auch richtig gar wird, dann platzieren Sie unter den Keulen und dem Schulterbereich zusätzliche Kohlen. Da das Schwein durch das abgeschlossene Garen in der Kiste keinen Rauchgeschmack annehmen kann, darf großzügig mit einem BBQ-Rub gewürzt werden. Füllen Sie die Spanferkelwanne mit einem Liter Wasser – eine feuchte Umgebung ist vorteilhaft für die Kruste.

Grillen Sie das Schwein zunächst 2 Stunden mit der Schwarte nach unten, wenden Sie es und garen Sie es 1 Stunde mit der Schwarte nach oben. Zum Schluss stellen Sie die beiden restlichen Steine in die Kiste, sodass die Wanne mit dem Schwein dichter an der Eisenplatte steht und die Kruste knusprig wird. Dann decken Sie die Kiste ab und heizen von oben noch einmal ordentlich ein, damit die Schwarte auch schön kross wird.

Um die mit kleinen Steinen ausgerichtete Wanne werden die Steine gelegt.

Dann folgt versetzt die zweite Reihe und das Abdeckblech.

Unten in die Kiste kommt ein Anzündkamin voll Grillbriketts.

Das Schwein geben Sie in Rückenlage in die Wanne, zusammen mit einer Kanne Wasser. So gart es die ersten zwei Drittel der Zeit.

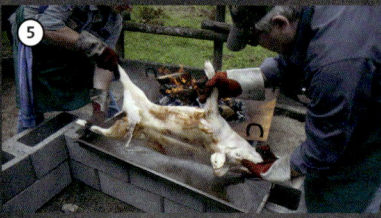

Nach zwei Stunden wird die Sau vorsichtig gedreht und gart in Bauchlage weiter.

Damit die Schwarte nicht verbrennt, wird das Spanferkel mit Alufolie abgedeckt, bis das Fleisch richtig gar ist.

Auf dem Blech wird ein Feuer entzündet.

Eine halbe Stunde vor Schluss wird die Sau zwei oder dreimal mit Salzwasser eingepinselt, um schön knusprig zu werden

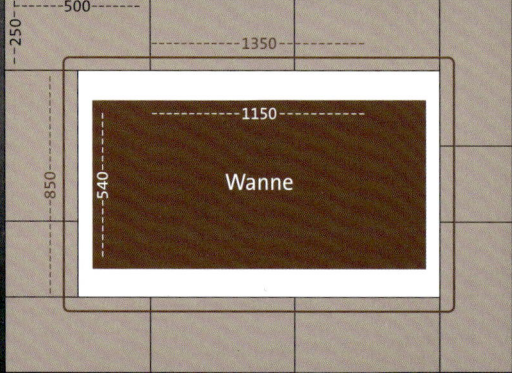

499 Maße des Grills

Wenn Sie einen Smoker oder einen Grill selbst bauen, dann sollten Sie sich an den Maßen von Gastronorm-Blechen orientieren. Dies erleichtert den Nachkauf von Blechen und anderem Zubehör.

500 Behelfsofen aus Steinen

Gelegentlich möchte ein Griller auch mal in der Pfanne, im Topf oder im Wok zaubern. Mit einigen alten Backsteinen lässt sich ein sogenannter Rocket Stove improvisieren, der mit erstaunlich wenig dünnem Feuerholz starke Hitze produziert. Wichtig ist ein Rost in der Feuerkammer, damit das Feuer von unten mit Sauerstoff versorgt wird, andernfalls funktioniert der Ofen nicht richtig. Zwei über die obere Öffnung gelegte Eisenstangen sorgen dafür, dass die Flammen nach oben herausschlagen können und der Zug im Schornstein aufrechterhalten wird. Bei einem Wok ist das nicht notwendig. Er steht mit der runden Wölbung im rechteckigen Schlot, sodass an der Seite noch genug Platz vorhanden ist.

Checkliste mit Sicherheitstipps

☐ Grillgeräte kippsicher im Windschatten und in sicherer Entfernung anderer brennbarer Materialien aufstellen

☐ Nur feste Grillanzünder aus dem Fachhandel verwenden

☐ Niemals Spiritus oder andere Brandbeschleuniger verwenden, weder zum Anzünden noch zum Nachschütten auf zu langsam brennende Grillholzkohle

☐ Den Grill nicht unbeaufsichtigt lassen

☐ Den Grill nicht von Kindern bedienen oder anzünden lassen

☐ Kinder dürfen nicht in Reichweite des Grills spielen – Sicherheitsabstand von mindestens 2–3 Metern

☐ Grillfeuer und die Glut nach dem Grillen vollständig löschen und auskühlen lassen – auch dabei nicht unbeaufsichtigt lassen

☐ Einen Eimer mit Sand, einen Feuerlöscher oder eine Löschdecke bereithalten

☐ Brennendes Fett niemals mit Wasser, sondern durch Abdecken löschen

☐ Nicht in geschlossenen Räumen grillen und den Grill niemals zum Auskühlen ins Zimmer/in die Wohnung stellen – Es besteht Vergiftungsgefahr!

☐ Wichtigste Erste-Hilfe-Maßnahme bei Verbrennungen: Die verbrannten Stellen sofort 10–15 Minuten mit Wasser (nicht kälter als 15 °C) kühlen und den Notarzt rufen oder einen Arzt aufsuchen